# 60代から女は好き勝手くらいがちょうどいい

中尾ミエ
Mie Nakao
×
Hideki Wada
和田秀樹

宝島社

# はじめに

思い起こしてみれば、60歳という年齢は私にとってもひとつの転機であり、節目であったように思います。

50代になった頃、水泳を始めたり、運転免許を取ったりと、それまでやってこなかったことや苦手だと思っていたことを、積極的にやろうと思うようになりました。人生の残りの時間を考えたときに、あまり長くないと気づき始めたのもその頃です。

その思いがより強くなったのが、60代に入ってからでしょうか。60歳になったときに、「今のように身体を思うとおりに動かせるのは、あと何年くらいあるだろう、ここから先は、無駄な生き方はできないぞ」と60代以降の自分の人生に対するさまざまな願望が出てきたのです。

だから60代からは、チャレンジの時間だと思って、自分が知らない世界になるべく飛び込んでみようと思いました。そうしたら見るもの聞くもの、すべて珍しく新鮮で、そのぶん、失敗もたくさんしましたけれども、成功も失敗も全部、自分の人生の肥やしにできたと思います。

もう年だからと変に構える必要はありません。仕事や子育て、夫の世話からも解放された60代からの時間は、よりいっそう自分らしく生きることができる、人生のご褒美ではないでしょうか。

好き勝手に振る舞ってちょうどいい。そんな気持ちで、人生の後半を生きてみてはいかがでしょう。

中尾ミエ

# 目次



## 第1章

## ─ 60代からの心構え

## 第2章

# 60代からの美と健康

第3章

## ―― 60代からの生活習慣

## 第4章

# 60代からの人間関係は自分に素直に



## 第5章

# 60代からのお金事情

# 第6章

# 60代に入ったら考えておきたい「死」の問題

# 第1章

Hideki Wada × Mie Nakao

# 60代からの心構え

# 60代以降に起こる心と身体の変化に耳を傾ける

## 人は60代から急に老け込むことが多い

**和田：**女性に年齢をお聞きするのはあれですけれども、中尾さんは今、おいくつですか。

**中尾：**今年で78歳です。

**和田：**お若いですよね。いつまでもお若いのがすごい。私のほうがよほど年寄りじみていて、糖尿病と心不全の持病持ちで、そのために利尿剤を飲んでいますからトイレがやたら近くなってしまって（笑）。

**中尾**：「医者の不養生」ですね。

**和田**：そうなんですよ。そのくせして、医者には逆らっている。血圧や血糖値を正常まで下げると、うまく頭が働かなくなるので、考えながらやっていますね。ワインを飲むことや食べたいものを食べることはやめない。それは糖尿病には最も悪い行為とされているわけですが、それも「まあ、いいか」と思うのです。ですから、私は「長生きよりも元気、長生きよりもアンチエイジング」という「価値派」です。

今の現代医学は、年を取ってヨボヨボでもいいから長く生きさせればいいという考え方が一般的ですから、私自身が身をもってそれに逆らっています。医者が言うことは基本的に数値を正常にすることばかりなわけですが、そういうことを推奨している医者の平均寿命自体が実は普通の人よりも短い。

**中尾**：きっとそうなのでしょうね。多忙すぎることも原因なのかもしれません。

**和田**：たとえば、趣味でする草野球やゴルフなどを続けるにあたって、もっとうまくなりたいと思ったとします。その場合には、私は怪我をしない方法を教えてくれるドクターよりも、草野球やゴルフがうまい人に習うのが原則だと思うのです。ですから年を取っても元気でいたいなら、医者の言うことに従うのではなくて、実際に年を取ってからも元気でいる人、お手本であり見本になるような人から話を聞くほうがいいというのが、私の信念なんですね。したがって、70代にもかかわらず、こんなに若々しく元気でいらっしゃる中尾さんとお話しできるのはとてもうれしいです。

**中尾**：先生はおいくつなんですか。

**和田**：今年の6月で64歳になりました。

**中尾**：お若いですね。今、どこかの病院に所属してらっしゃるのですか。

**和田**：現在は常勤で働いている病院は基本ありません。自費診療で自分がやっているクリニックはあります。心のケアを行う通常の保険診療の精神科クリニックだと、5分とか10分とかしか話を聞いてもらえず、薬を処方しておしまいというところが多いのですが、私のクリニックでは、50分はお話を聞くようにしています。あとはアンチエイジングに関する治療ですね。

私の世代もこの年齢になると、会社を退職した人や、医者や大学教授だったけれどもそうした肩書きがなくなる人がぼちぼち出てきている頃合いです。60代半ばですが、周囲の人間はわりと老け込み方が激しいですね。

**中尾**：その辺が、男女でずいぶんと違うと思います。

**和田**：ええ、おっしゃるとおりです。男性は60代で老け込む人が出てきます。中尾さんがいらっしゃる芸能界でも、かつてブイブイ言わしていたディレクターやプロデューサーだった人が60代を境に急にしょぼくれてくるなんてことを、目の当たりにされていたのではないでしょうか。私も一応、日本映画監督協会という団体に入っているのですが、先日、その協会の総会があったのですけれども、みんな本当に「おじいさん集団」みたいになってしまっています。ですから、男性に比べると、本当に女性のほうが元気な印象がありますね。

**中尾**：そうですね。

## 男性ホルモンの減少が老化の原因

**和田**：なぜそこまで男女の老け込みに違いがあるのか。これはひとつは自然の摂理でもあります。男性は40代、50代と経て次第に男性ホルモンが減少してくるのです。私が行っているアンチエイジングの治療のなかでも、いちばん人気があるのはこの男性ホルモンに関する治療です。リピート率が最も高い治療ですね。

男性ホルモンは減ってくるとどうなるかというと、まず意欲が落ちてきます。性欲とか特定の欲ではなくて、意欲全体がなくなってきてしまう。また、これは男性に限らず、女性にも関係してきますが、男性ホルモンの減少は異性への関心も減退させます。

ただ単に異性への関心が減るならば、不倫・浮気の心配もなくなって夫婦円満によいかもしれませんが、もっと言うと、異性・同性問わず、人間関係そのものがうっとうしくなってきてしまって、人付き合いをしなくなる人が増えてくるのです。とくに男性の場合が顕著ですね。

意欲がなく、人付き合いも億劫（おっくう）になると、結局、家のなかにこもりがちになる。退職していつも家にいて、話す相手といえば長年連れ添った妻だけ。それで「ぬれ落ち葉」なんて言われてしまうわけです。

あとは、60代以降の体力の低下もまた、男性ホルモンの減少がその一要因と言えます。男性ホルモンは筋肉の成長に寄与するホルモン分泌にも関わっていますから、それ自体が減少すると、筋肉量が落ちてしまいます。筋肉が落ちれば、自然と代謝が減るわけですから、脂肪がついて太りやすくなるわけです。結果、体力の低下を招きます。

# 女性にとって年を取ることは「神様の贈り物」

**中尾：**なるほど。コミュニケーションにも男性ホルモンが関係しているのですね。

**和田：**ええ、そうなんです。男性に比べて、女性の場合、男性ホルモンの問題は事情が変わってきます。私はそれを「神様の贈り物」と言っているのですが、生物学的に見れば、出産や子育てなどの大変な苦労の末に、閉経を迎えたのちには、女性は男性ホルモンが増えてくるのです。

そうすると、女性はむしろ年を取ってから意欲的になったり、人付き合いが盛んになったりするんですよ。ですから年配の方向けの団体旅行の参加者は大概は女性ですし、お茶会にしろ、いつまでも女性は仲の良い友人たちで集まったりしますね。

**中尾：**男性ホルモンが、60代以降の人間にとっては、ある意味では元気の源になっているということですね。

私も、毎朝、近所の公園で軽い運動をしているのですが、そこに一緒に体操をする人たちがいます。それと同じように、すぐにチームができてしまうのです。かつてやっていた水泳は「ＴｅａｍＭｉｅ」、俳句は「微笑句会」、この公園での体操仲間は「ミエ道場」と称しています。せっかく巡り会った人たちだから大事にしたいと思いますし、取り立てて深い話はしないけれども、お互いを思い合っているようなそんな淡い関係だから、続いている気もします。

**和田：**素晴らしいですね。

**中尾：**朝の公園での集まりでは、せっかく集まって挨拶だけではもったいない。そこで「私たちの挨拶は前屈運動でやりましょう」ということにして、「おはようございます」と言いながら、いっせいに前屈するんです。それでいつしか「ミエ道場」になったわけですが、70代から80代の女性たちが、昨日よりもできてうれしいと喜んでいる。雲梯にぶら下がったりして、すっかり元気になっています。風が強い日に自転車に乗っていて転んでしまったけれども、受け身ができて怪我をしなかったなんておっしゃる人もいました。

## 男性ホルモンは元気ホルモン

**和田：**男性ホルモンは、実は「元気ホルモン」に呼び替えたほうがいいのではないかと思います。これは、男性ホルモンの知見を日本にいち早く導入した医師である熊本悦明先生の発案でもあります。熊本先生は、90歳を超えてずっと現役で、2022年に94歳でピンピンコロリで亡くなりましたから、やはり長寿で元気であるということと関係しているのかもしれません。また、熊本先生は、プロスキーヤーで80歳でエベレスト登頂にチャレンジ、成功しエベレスト最高齢登頂者となった三浦雄一郎さんの主治医でもありました。三浦さんは76歳のときにスキーで転倒し、骨盤と大腿骨の付け根を骨折してしまい、著しく筋力が低下したことがあったそうです。その際に熊本先生が男性ホルモンのひとつである「テストステロン」の注入による治療を行いました。すると、みるみるうちに筋肉がよみがえってきて、とうとう80歳でエベレスト登頂できるまでになった。「元気のためにはテストステロン（男性ホルモン）」というのが熊本先生の自説だったのです。

**中尾**：そうでしたか。では、男性ホルモンを打てばいいのですね。

**和田**：ええ。ただ、女性は打ちすぎちゃうと男性化してしまいます。私はわけのわからない健康診断で、血糖値だのコレステロール値だのを測って気にするよりも、男性ホルモンの不足を診断したほうがいいと思っています。男性ホルモンが足りない人には、それを補ってあげれば、要介護になるような人は減るわけですね。意欲が出てくるうえに筋肉がついて体力が増すわけですから、よぼよぼの年寄りが減ることになる。女性も量によりますけれども、適度に男性ホルモンを足すとよいようです。

**中尾**：その男性ホルモンの治療というのは、比較的簡単な治療法なんですか。

**和田**：ええ、簡単なものですよ。

## 認知症やアルツハイマー防止にも男性ホルモンがカギ

**和田**：クリエイティヴな仕事をなさっている脚本家や小説家の方のなかには、男性の場合は男性ホルモンの注射、女性の場合は飲み薬をちょっと処方するだけで、かなり頭が冴えるとおっしゃる方もおられます。

**中尾**：ということは、認知症やアルツハイマーも防げるということですか。

**和田**：男性ホルモンによって本当に頭が冴えているかどうか、その因果関係はわからないのですが、男性ホルモンが減ってくると物忘れがひどくなるという報告はあります。脳のなかにアセチルコリンという神経伝達物質があり、これが記憶や学習に関係しているのですが、アルツハイマー型認知症の患者さんのなかには、このアセチルコリンの減少がしばしば見られます。実はこの脳内のアセチルコリンは男性ホルモンのテストステロンと相関性が高く、テストステロンが減るとアセチルコリンも減少することがわかっています。40代、50代の若年性アルツハイマー型認知症の人は、1万人に10人もいると言われています。
そのくらいの年齢で物忘れが始まったと感じるのであれば、いちど、男性ホルモンの検査をしたほうがいいと思いますね。

**中尾：**和田先生は、注射してらっしゃるのですか。

**和田：**はい、私も3カ月に1回の頻度で、注射しています。

## 肉を食べない日本人は男性ホルモンが少ない

**和田：**男性ホルモンに関連して言うと、日本人は非常に良くない状況にあります。たとえば、アメリカ人は1日300グラムの肉を消費していますが、日本人は1日あたり100グラム程度の消費量です。そんなに食べていないのです。男性ホルモンの材料はコレステロールで、多くは肉に含まれますから、それ自体、日本人はあまり摂れていません。そのせいかどうかはわかりませんが、セックスレスの夫婦・パートナーも7割に達するほどの世界有数のセックスレス大国です。

ですから、私は、わりと日本人全般、男性ホルモンが少ないのではないかと思うのです。

**中尾**：なるほど。長寿の人は多いけれども、それはただ単に長生きしているというだけで、健康な人、元気な人は少ないということですね。

**和田**：とくに男性はそうですよね。先ほども述べたように、女性は閉経後に男性ホルモンが自然と増えますから、むしろ意欲的になる。だから長寿の人でも女性のほうが元気な場合が多いと思います。あとは、年を取ってもしっかりお肉が食べられる人。お肉を食べている人には意欲的な人が多い。99歳で亡くなった作家の瀬戸内寂聴さんも晩年までステーキを食べたりしていたそうですが、やはりお肉をしっかり食べて、意欲的な女性の典型と言うべきでしょうか。

**中尾：**そうですね。

**和田：**50代以上の女性をターゲットにした『ハルメク』というファッションを主とした月刊情報誌がありますが、あらゆる年代向けの女性誌のなかでも発行部数は最も多く、人気だそうですね。『週刊文春』よりも売れているらしい。ですから、女性というのは年齢を重ねてもファッションに興味があるし、人とのコミュニケーションにも積極的で、意欲的だということです。

２０２４年は作家の佐藤愛子さんの作品を映画化した『九十歳。何がめでたい』が公開となりましたが、その主演を務めている草笛光子さんにしても、中尾さんにしても、みんなからの憧れの的なわけですよね。年を重ねてもこんなふうにかっこいい、美しい女性でいたいとみんな思うわけです。女性にはそうやって年を重ねても意欲的な人がいっぱいいる。それだけ自分の人生のお手本がいる。けれども、男性となるとなかなか見本にして生きようと思える人は少ないのではないかなと思います。

# 60歳からは新しいことに挑戦し続ける

## 前頭葉が衰えると意欲が湧かない

**和田**：どうも最初から私ばかりしゃべりっぱなしで恐縮なのですが、年を取ると、見た目の若さ・美しさが衰えていく一方で、おしゃべりな人間、話のうまい人間のほうがモテるような気がします。それは男性だけでなく、女性もそうなのではないかと思うのですが。

**中尾**：ええ、そうですね。

**和田：**見た目もさることながら、話の内容が面白いとか、伊達(だて)に年を取ってないなと思わせられるかどうかで、年を取ってからの魅力というのも違いますよね。そうした話の内容の面白さについては、脳のなかの前頭葉といわれる部分の働きが大きく関与しているといわれています。

つまり、物知りな人というのは側頭葉が発達していると考えられます。ですから言語機能が非常に高い。また、計算が速い人は頭頂葉が発達しています。

これらに対して前頭葉というのはクリエイティヴな能力を司る部分です。意外性への対応能力、応答可能性のようなものもこの前頭葉が大きな役割を果たしています。ですから、前頭葉の働きが悪くなると、前例を踏襲する思考パターンになりがちですし、新しい冒険もしなくなります。クリエイティヴなことを思いつかないのです。いわば、前頭葉が意欲を司ると言ってもいいでしょう。

ここが大事なポイントなのですが、残念なことに、この前頭葉は脳のなかでも加齢とともに最も先に萎縮が進む場所なんですよ。

結局、前頭葉の機能が低下してくると、意欲が落ちてくる。その結果、足腰も使わなければ頭も使わない。身体は衰えて、ヨボヨボになるし、認知症にもなりやすくなる。

**中尾**：前頭葉には鍛え方などあるのでしょうか。

**和田**：前頭葉を鍛えるには、なるべく想定外なことをわざと自分に起こすんですね。前頭葉が衰えると想定外なことを避ける傾向にあります。行きつけの店しか行かなくなるとか、同じ著者の本しか読まなくなるとか。服装ひとつとっても、自分が黒が似合うと思ったら黒しか着なくなってしまう、とか。とかく冒険することを避けるようになってしまう。

**中尾**：人との接し方もそうですね。同じ人としか会わずに、新しい出会いを求めなくなる。

**和田**：おっしゃるとおりです。あるいは人と話していても意見が違うといやだという気持ちになってしまう。新しい意見や異なる意見を取り入れるキャパシティがなくなるのです。反対に前頭葉が発達している人は意見が違う人と上手に付き合ったり、あるいは上手に喧嘩や言い合いができたりするわけですね。

**中尾：**なるほど。

**和田：**ですから、前頭葉を鍛えるには、普段、前頭葉を使わないような生活から少しずらしてみることが重要です。行きつけの店にしか行かないとか、同じファッションしかしない、同じ著者の本しか読まないというような「いつも」のことから、あえて外れてみる。そうやって意外なこと、想定外なことをしてみると、前頭葉が次第に活性化されていくのではないかなと思います。

## コミュニケーションが希薄な現代人

**中尾：**日々、新しいことをしていると、前頭葉が鍛えられるということですね。

**和田：**そうだと思います。しかし、日本人の場合、若いのに全然、前頭葉を使っていない人が多いなと思うのです。コンフリクト（対立や衝突）を嫌って、上の言いなりになったり。あるいはテレビやネットの情報をそのまま受け取ったり。

**中尾：**最近、とくにそう思います。みんな、面倒を避けているような印象を受けます。

**和田：**そうですね。どうも日本人は昔に比べて、相対的に喧嘩をしなくなってきたような気もします。中尾さんの世代よりももっと上だと思いますが、作家の野坂昭如さんと映画監督の大島渚さんの大喧嘩の映像がとても記憶に残っていますけども、侃侃諤諤（かんかんがくがく）と意見を主張し合って、みんな闘っていたように思いますね。そのなかから濃厚な人間のコミュニケーションがあったようにも思います。

**中尾：**そうですね。そんな時代に比べて、今は世の中全体で物をはっきりと言わなくなっている風潮があります。言えることの範囲を自分で狭めてしまっているので、やることなすこと縮小してしまっているように思います。

**和田：**ええ、そういう風潮は前頭葉には本当に悪いと思うのです。余計なことを言ったら嫌われてしまう。それで新しいことにチャレンジしたりするのに躊躇（ちゅうちょ）するならば、それは前頭葉にいちばん悪いですね。男性ホルモンにとっても悪いと思います。

言いたいことをはっきり言う。やりたいことをやる。新しいことにチャレンジしてみる。それをしないと前頭葉がダメになってしまう。

日本の場合だと、喧嘩を売ったりすると「女性的ではない、もっと女性はおしとやかに」なんて言う人が今でもいるかもしれないですが、その立場ごとに言いたいことを言ってもいいと思うんですよね。

## 「老害」という言葉にまどわされない

**中尾：**逆に、この年齢にならないと言えないこともあると思います。同じ内容のことでも、この年齢になったから許される、というようなこともたくさんあります。

**和田：**まさにそこなんですよ。同じことを言っても年寄りだから許されるというのは、ある意味ではかろうじて救いになっているところかもしれない。少なくとも年を重ねていることで説得力を持つわけですから、何がなんでも言ってはいけないということではない。

それがある種の日本社会の救いの部分だったかもしれないのですが、今のご時世、そういうこともだんだんと少なくなってきています。

本来、年を取ることで言いたいことが言いやすくなっていたのに、今や「老害」なんて言い方でバッシングされてしまう。ある種の老害恐怖症で、年を取っても言いたいことが言えなくなっている。そうなると、かえって自分の老化を早めてしまうように思うのです。

**中尾：**私なんかは昔からこのままです。自分の主張をちゃんと言葉にしてきましたから、若い頃から叩かれて、叩かれて、叩き抜かれてきました。

それが年を取ってから、同じことを言っても逆に認められるようになってきました。

**和田：**いいですね。年を取ってからはあまり我慢しないことが大事ですね。

**中尾：**だから、今は、私のなかではものすごく楽に生きています。

**和田：**そのほうがいいですよ。

# 60代からは失敗を恐れず人生後半からが勝負と心得る

## 人生は後半からが勝負

**和田：**どの年代のときに勝ち組だったかで、その人の生き方もかなり変わりますよね。20代はすごい勝ち組だったのに年を取るほどに落ち目になる人と、若い頃はそうでもなかったけれども年を取るほどに人気が出る大器晩成型みたいな人もいる。どっちがいいかというと、やっぱり私は後者じゃないかなと思いますね。

私も27歳くらいの頃に出した受験に関する本がベストセラーになったのですが、

その後はあまり冴えなくて、結局、60代に入ってから『80歳の壁』という本がものすごく売れて、仕事が急に増えました。
　こういう人生のパターンのほうが、きっと生き残りやすいのではないかなと思います。だから若い人たちも今すぐ売れたいとか、早く出世したいとか、あくせくするよりも、年を取ってから成功したほうが、その後の人生も長いから得だよと言ってあげたいですね。

**中尾**：でも、若い頃の特権というものもありますでしょう。今さえよければいいと思うのが若さでもあります。「そのときはそのとき」というように、年を取ったときのことなんかまず考えません。私も人生の後半について、切実に考えるようになったのは、60代になってからでした。

**和田**：私自身、先ほど申し上げたような人生観に変わったのは、浴風会病院という高齢者専門の病院が杉並区にあって、そこで働いた経験があったからです。もともとは、関東大震災の際に家族を亡くし、介護など身の回りの世話をする人がいなくなってしまったお年寄りのための救護院として、皇后陛下（貞明皇后）の御下賜金をもとに作られた、日本初の公的な養老院が始まりでした。稲田龍吉という旧東京帝国大学の教授が、そういう施設を作るならば、高齢者向けの医学・医療を日本にも確立しようと附属の診療所を設置しました。当時の日本人の平均寿命は44歳くらいとされていますし、長生きできる人もそんなに多くはありませんでした。にもかかわらず、世界的に見ても老年医学がほとんどなかった時代に、あえてそうした施設を作ろうとした、稲田先生という人物の慧眼には、本当に驚きます。

その浴風会病院に、私も足掛け9年ほどいたのですが、お年寄りについて、さまざまなことを学ばせてもらいました。わりと社会的に地位があった人が入院してくるのですが、そういう偉い人でも部下にまったく慕われていない人もいれば、反対にとても慕われている人もいる。認知症でうまくコミュニケーションがとれなくても、見舞客が途絶えない人もいますし、私でも名前を聞いたことがあるようなかつて傑物だった人なのに、誰も会いに来ない、本当に孤独な人もいました。
若い頃に上にばかり媚びて、下を大事にしてこなかった人は、人生の最期を気の毒なかたちで送ることになる。反対に下の人を可愛がってきた人というのはさまざまな人に慕われたまま人生の最期を迎える。そういう有様を見たときに、今の出世よりも、年を取ってからのことを考えて生きなければと思いましたね。

**中尾**：それもある程度の年齢にならないとわからないことですね。

**和田**：運が良かったのは、私はその病院に28歳から勤めたので、かなり早くからそういう悟りのようなものを人よりも早く感じ取ることができた。東大医学部のようなところは、みんな、偉い医者になろうとして教授とか肩書きを欲しがる人間が多かった。肩書きなんかにこだわりだすと、せこい競争が生まれるんですよね。たとえ教授になっても、それが通用するのはせいぜい65歳までだなと浴風会病院にいたときに思えたから、それは私の人生にとっては大きな転機になりましたし、今でもよかったと思います。

**中尾：**普通はある程度の年齢になって、人生経験のなかで、つまずきがあったりしないとなかなか気がつけないですよね。

**和田：**逆に順風満帆な人生で、65歳まで出世し続けて、社長になったり大臣になったりするような人のほうが、そういう人間関係のあり方をわからないかもしれない。でも、中尾さんはキャリア的にはあまりつまずいたことがないんじゃないですか。

**中尾：**思い返してみると、若い頃から年上の人とよく話をしていたから、私の周囲には、気づかせてくれる人がいたのかもしれません。

**和田：**若くして早くに売れてしまった人は、多くの場合、そのままずっとうまくいき続けるなんて、そうはないんじゃないかな。

**中尾：**私たちの時代かもう少し下の世代の人たちは、今が楽しければいいという風潮になってきていました。私はもう少し年を取っていたから、「うまいことはそう続くものではないよ」などと思っていました。やはり上の世代がいろいろと教えてくれたことが大きかったと思います。

**和田**：それは大事なことですね。

## 失敗したっていい。失敗を恐れない

**中尾**：とにかく、60歳になったら守りに入ってはダメだと思います。失敗を恐れないでほしい。そもそも失敗をしなければ学べませんから。失敗がいちばんの勉強だと思います。

**和田**：60代以降、年を取っていちばんいいところは時間があることですよね。たとえば、行列のできるラーメン屋に1時間並んで実際に食べてみて不味かったという経験も〝失敗〟です。でもそういう失敗ができるのが、年寄りのいいところですよね。

現役バリバリの若い頃に1時間を無駄にしたらもったいないと思ってしまうし、若い頃はとかくプライドもあって、失敗したくない気持ちが勝ってしまいがちですから。年を取ってからは損をするのは時間だけですからまったく問題ない。お店選びに食べログの点数だけを当てにするのはやめようとか、学びだけがある。

大事なポイントは、失敗をしてはいけないのではなくて、同じ失敗を繰り返さないことなんだと思います。エジソンが「私は失敗したことがない。1万通りのうまくいかないやり方を見つけただけだ」なんて言ったように、うまくいかないやり方を見つけたんだと考える人は、その失敗を生かすことができる。それが失敗から学べる人です。

1時間並んでラーメンが不味かったら、次また1時間並んだりしないことですよ。そうやって学ぶことで、あれはダメだよと人に教えてあげることもできますしね。だから、逆に言えば、失敗しないと学ばないわけですよね。

**中尾：**失敗してもいい、むしろどんどん失敗して、経験を積んだほうがいいと思います。

**和田：**年を取ると若い頃よりもはるかに失敗が許されますしね。

**中尾：**何を「失敗」と受け取るかにもよります。たとえば、人から着ている服が似合わないと言われても、自分が気に入っているなら、もう好きに着ればいいと思います。「あなたが着てるわけじゃないんだから」と、そこまで本当に開き直ってしまえば、年を取ることはかなり楽です。楽しもうと思えば、いくらでも楽しめるのではないでしょうか。

**和田：**迷ったらやるってことですね。

**中尾：**声を大にして言いたいのは、60歳を過ぎたからってまだまだ人生終わりじゃないということ。そう思ってしまうことがもったいないくらい、力も時間も余っているでしょうと言いたいですね。「もう自分の人生は終わった」だなんて言うなら、人のために働いてもらいたい。命を無駄に過ごすのはもったいないですね。

**和田：**実は年を取っても、やれることはたくさんある。やらないのがもったいないくらいですよ。自主規制ではないけれども、自分で自分を縛っている人が多いですよね。

**中尾**：失礼だけれども、そういう人はきっと経験が足りないんだと思います。若い頃にいろんなことを経験していれば、今ならできるということがけっこうあるのではないでしょうか。しかし、そういう経験をしてこなければ、それができない。やれることと言っても、実はやったことがないことがたくさんあるはずです。そこに目を向けないともったいないと思います。

**和田**：0から1にすることがとても大事ですよね。何もやったことがない人は何をするにも怖いと思う。でも失敗してもいいからと思って1回でも踏み出してみれば、意外と「失敗しても大したことないな」とか、「成功してけっこううれしいな」とか。人から聞いた話ではなくて、自分でちゃんと経験することが大事ですね。

**中尾**：私はそれこそ50過ぎてからいろんな習い事を始めた人間です。それまで経験せずにいたことがたくさんあったから、とりあえず、やったことがないことに次から次へと手を出してみました。若い頃に自分は苦手だと思っていたことにも積極的にチャレンジするようにしました。

**和田：**なんでもうまくならなければいけないと思うとできなくなりますから、下手のままで終わってもいいと思って、やればいいと思いますよ。

## 失敗を恥ずかしがる必要はない

**中尾：**みなさん、何か習い事をすればいいと思います。若い頃にやりたかったことでもいい。できないから習うのですし、わからないから学ぶわけですから。最初はうまくいかないのは当たり前。それを恥ずかしがるのはおかしいと思います。

**和田：**世間体というものもあるんでしょうね。たとえば子どもの頃にバスの運転手になりたいと思っていたとする。それが運よくいい大学に入ることができて、一流企業に入社してどんどん出世して、気づいたら運転手のような仕事を下に見て、バカにするような人間になってしまっているかもしれない。でも運転好きなら、二種免許を取得してバスやタクシーの運転手を、年を取ってからもやっていいと思うんですよね。

残りの人生を好きなことをやろうと思ったら、職業の貴賤（きせん）とか世間体なんか気にしないでやれる。それが年を取ってからやれることの良さのはずですよ。

あとは収入面でも妥協ができるところがいいですよね。60歳を過ぎて会社を定年退職しても、やる気があるなら再就職してもいい。その代わり、給料は安くなりますが。映画業界でも空前の人手不足で、助監督や制作進行をやる人がいないのです。弁当の買い出しをしたり、車止めや人止めの仕事をしたり、映画の現場で働くといろんな年代の人がいるから楽しいと思いますよ。

先ほど、中尾さんが若い頃にできなかったことをやればいいとおっしゃいましたけれども、本当にそれがいいと思う。ミュージシャンになりたかったとか、舞台美術の仕事に関わりたかったとか、いくらでもやればいいと思います。いろんなところで人手不足だから案外雇ってくれると思いますよ。

**中尾：**いくらでもあると思います。そういうところで格好つけてもしょうがない。この年になったら、恥をかくことを恐れないことです。恥をかいたぶん、成長していると思います。自分で、こんな標語を作ってみました。「汗かけ、恥かけ、金かけて」。60歳以降はこの標語を自分に心がけるといいのではないかと思います。お金をかければ、そのぶん、もったいないと感じて、一生懸命やると思います。

**和田：**それも大事なことです。そもそも年を取って大きな借金もできないから、あまり損得を考えないほうがいいと思うんですよ。そういうことで動いていると、結局、自分を縛りすぎることになるから。自由でいいと思う。

**中尾：**だから60歳を過ぎたら、あと何年と考えることが重要ですね。私も70を過ぎて、次は80歳を過ぎるともう本当に後がないですから、まさに恥のかき捨てです。いまさら恥かいても誰も何も言わないとも思います。

**和田：**年取って悪いことばかりじゃないんですよね。

**中尾：**完璧な人のほうが逆に誰も寄りついてこないものだと思います。また、できないで困っていると、誰かきっと助けてくれます。私は今、年を取ることが楽しみです。

**和田：**中尾さんは、さらにすごい人になれそうな気がするな。

**中尾：**本当に一日一日がもったいないと思います。いやな思いをして生きるのは。

第2章

Hideki Wada × Mie Nakao

# 60代からの美と健康

# 60代からの健康の秘訣はストレスを溜め込まないこと

## 我慢を強いる日本の医療

**和田：**実は楽に生きることが健康的にも良いというきちんとした医学的な根拠もあるのです。1951年から1980年までの日本人の死因の第1位は脳卒中だったのですが、当時はろくな治療法がありませんでしたから、基本的には血圧を下げるという治療・予防方針がとられました。しかし、1964年前後まではよい血圧の薬がありませんでしたので、結局は食事指導・改善が中心だったのです。いわゆる塩分を控えなさいという減塩運動もこの頃から盛んに提唱されるようになりました。そのうちに使える薬が増えてきて、検査して数値が高ければ薬が処方されるようになりました。

また戦後、日本人の食生活も欧米化に伴って次第にタンパク質の摂取量が増えてきました。これに伴って、血管が丈夫になってきたおかげで、脳卒中そのものが減ってきました。その結果、がんや心疾患に比べると、脳卒中は日本人の死因のトップ5にすら入っていません。老衰や肺炎よりも少ないくらいです。

ですから日本人はもはや脳卒中を死因としてそこまで恐れる必要はないのですが、いまだに脳卒中恐怖症が続いており、塩分を控えて薄味のものを食べている人がたくさんいるのです。

その後、今度は1980年代からアメリカで心疾患を撲滅しようという動きが本格化しました。実はアメリカでは死因のトップがずっと心筋梗塞だったのです。そこで体重を減らし、コレステロール値を下げるために、なるべく肉食を減らしていく方向に舵(かじ)を切りました。

そもそもアメリカ人は肉の消費量が日本に比べてとても多かったのです。1980年当時、アメリカでは1日300グラムの肉を消費していました。同時代の日本だとわずか70グラムだったのですが、日本の愚かな医者たちが、アメリカの医者が肉の摂取量を減らせと言っていることをそのまま真に受けて、同じように日本でも肉を減らせと言いだしたのです。

ところが、日本人で心筋梗塞で亡くなる人は、がんで亡くなる人のわずか12分の1くらいしかいないわけですよ。1980年頃には日本人にとって、脳卒中も心筋梗塞も取るに足らない病気になっているのに、過去の事例やアメリカの医療界にひきずられて、ずっと恐怖症が続いていたのです。

ここがいちばん大事なポイントなのですが、塩分を控えるにしても、お肉を控えるにしても、あるいはお酒や甘いものを控えたりとか、いろんなものを我慢していると、その結果として現在では免疫機能が下がってくることがわかっています。我慢＝ストレスが免疫には大敵なんですね。

そして、免疫力が下がると脳卒中や心筋梗塞よりも、がんで亡くなるリスクが高くなるのです。日々、私たちの身体では新陳代謝が起こり、古い細胞が死んで新しい細胞が生まれているわけですが、その過程で自ら作ってしまった出来損ないの細胞を掃除してくれるのが、免疫細胞の働きのひとつです。この出来損ないの細胞ががんのもとになるわけですが、免疫細胞を丈夫にしないと、うまく出来損ないの細胞を駆除することができず、結果、がんになるリスクが高くなるわけです。

ですから、免疫細胞を丈夫にするために過度の我慢はよくないのに、日本ではずっと食べたいものを我慢しろ、飲みたいものを我慢しろという食事指導が続いているわけですね。もうストレスだらけなのです。

**中尾：**そうですね。食べたいものを我慢して、サプリメントを増やしたりしている人も多いと思います。

**和田：**だから、日本は先進国のなかで唯一と言ってもよいくらい、がんによる死亡者数が増え続けているのです。日本人はもう我慢はやめて、もっと免疫機能を上げましょうというのが本当に大事なことだと思いますよ。

ついでに言わせてもらうと、60代のうちはまだいいのですが、70代以降になると意外と肺炎で亡くなる人も多くなります。新型コロナ・ウイルスの流行以前から、風邪をこじらせて肺炎になりそのまま亡くなる人が、実は毎年2万人くらいいたのです。そのことを考えると、実はコロナと同じくらい、普通の風邪で亡くなっていたわけですよね。それは結局、免疫力を上げておかなければちょっとした病気でも命取りになるということだと思います。やはり、なるべく我慢をせず、ストレスを溜めないことが自分の健康のためにもいいのだろうと私は思いますね。

## 健康とは主観的なもの

**中尾：**そうですね。私なんかもう、そんなに長生きしなくてもいいと思いますが、どうせ生きているならば健康でいたいですもの。

**和田：**あとは、何をもってして「健康」と言うか、ですね。血糖値も血圧もコレステロール値も体重も、すべて正常ならば健康だというふうに思われているようですが、私からすれば、健康というのは、どれだけ元気に毎日が楽しいかということなんじゃないかなと思いますね。それは、WHOですら健康というのは主観的なものだ、なんて定義しているくらいですから。

私は血糖値は300、血圧は放っておくと、上は220くらいある。だから薬で170まで下げてはいるんですが、その程度の数字であれば、わりと頭が冴えるんですよね。仕事もたくさんできますから、これくらいの水準に調整して普段は過ごしています。私にとってはそっちのほうが健康だと思えるわけです。

# 60代からは医療との付き合い方をよく考える

## 薬は4種類まで。それ以上は飲まない

**中尾：**このあいだ、できたばかりの新しい病院に行って診察してもらったのですが、そこの先生には「薬はなるべく飲まないほうがいいですよ」と言われました。

**和田：**それは良い医者じゃないですか。

**中尾：**だからもう信じてしまって、「この人、いい医者だわ」と思いました。それまで何も疑問に思わずに処方されて飲んでいた薬について、「今まで、これをも

らっていたんですが」と尋ねたら、「ああ、これはいらないですよ」なんて言われました。「なるべく飲まないほうがいい」と言われて、この人信用できるなと思いました。

**和田：**そうですね。まずアメリカの例で言えば、金の切れ目が医療の切れ目だというところもあるので、お金が払えなければ薬も出ないですし。他方でヨーロッパでは本当に高齢者には薬を飲ませないですね。むしろ害のほうが大きいと考えられているようです。これに対して、日本の医者のいちばん悪いところというのは、中尾さんがおっしゃられているように、薬の種類が多いことなんです。

**中尾：**本当にそうですね。

**和田：**飲んでいる薬の種類の数と転倒リスクの相関関係を調べた統計があるのですが、飲んでいる薬が4種類までの人は、だいたい5人に1人が複数転倒の経験があるそうです。これが飲んでいる薬が5種類を超えると、一気に4割くらい、半分近くの人が複数転倒の経験があることがわかっています。つまり、飲む薬の種類が5種類を超えると一気に転倒リスクが高まるわけですね。逆にまったく薬を飲んでいない人は、わずか3パーセントしか転んだ経験がないのです。

年を取ってくると転んだことをきっかけに足腰の骨を折ってしまい、そのまま寝たきりになる例が非常に多いのです。寝たきりになると一気に体力が減退し、老化が進行しますから、健康寿命にとっては大きなリスクになります。

ですから、私はもう無条件に薬は4種類までと決めています。本当は4種類でも多いくらいなのですが、5種類を超えると4割もの人が転んでいるとなると、とても怖いですよね。

にもかかわらず、日本では薬をたくさんくれる医者のほうがいい医者だと思っているようなのです。

**中尾**：そうですか。私もその新しい病院の先生に従って、現在飲んでいるのは血液をサラサラにする薬だけです。

**和田**：それは素晴らしいです。脳梗塞や心筋梗塞になると、障害が残ったりするリスクもありますし、体力的にも急にガクッときますから、血液をサラサラにして、気をつけたほうがいいでしょうね。ただ気をつけなければならないのは、血液をサラサラにする薬を飲んでいると、転んだり、事故に遭ったりして、出血した際に出血量が多くなりやすい点です。それだけ気をつけていただければ。

**中尾：**「首の周辺の血管がちょっと詰まっている」みたいなことは言われました。

**和田：**頸(けい)動脈ですね。そこは痛し痒(かゆ)しですから。とはいえ、薬を飲む際には、ただ飲むのではなく、そうした薬を飲むことの弊害のようなことにも一方で気をつけることが大事だと思っています。

ですから、血液をサラサラにする薬を飲んでいるのだから、転ばないように気をつけましょうということですね。中尾さんの場合はそういうわけにもいかないでしょうけれども、少し歩くのに危なくなってきたら、転ばぬ先の杖を使いましょう、ということです。

# 飲む薬が少ないことが元気の秘訣

**中尾**：私のパートナーも一時期、自分で薬局を開くのかというくらい、部屋じゅう薬だらけになるような状態でした。一生かかっても飲みきれないのではないかと思うくらいです。それで少し弱ってしまいました。入院もしたりしましたが、薬の処方を断ることにしたのです。そうしたら、元気になりました。

**和田**：ああ、そうですか。よかったですね。

**中尾**：だから薬の弊害は身をもって感じています。

**和田**：やっぱり飲む薬が少ないというのが、中尾さんの元気の秘訣のひとつだと思いますよ。本来80を超えるとどうしてもいろんなところに支障が出てくるわけですが、70代で元気はあるのに、たくさん薬を飲んでいることで、かえって身体を悪くしている人が本当に多いと思いますね。

**中尾：**多いと思います。ちょっとどこかが痛いからといって、すぐに痛み止めに頼るなんていうのが、いちばんダメでしょうね。

## 脳ドック・心臓ドックは5年に1度でいい

**中尾：**悪いところはないし病気もしていないのですが、定期的に検診は必ず行っています。でも、なんでもないのに行っていても意味がないなと思うようになりまして、やめようかと考えていますが、和田先生はどう思いますか。

**和田：**具合が悪くなったら行く、というくらいで私なんかはいいんじゃないかと思っていますよ。繰り返しになるかもですが、とくに検査数値がどれくらい当てになるかわからないんですよね。というのも、すべての検査数値が正常なのにがんになる人もいれば、心筋梗塞になる人もいる。とくに心筋梗塞は検査数値と相関関係が高いとされていて、コレステロール値が高かったり、血糖値が高かったりすると心筋梗塞になりやすいと言われています。でも人間にはそれぞれ体質がありますから、動脈硬化になりやすい人とそうでない人もいる。検査数値が異常な値ばかりなのにまったく病気にならない人もいれば、検査数値がすべて正常なのに心筋梗塞になってしまう人もいる。

私は5年に1回くらいの頻度で心臓ドックを受ければいいとよく言っています。今、造影剤を入れてCTスキャンを撮ると、心臓を取り巻く血管が細くなっていないかどうか判別することができます。私自身も先日、5年に1度の心臓ドックを受けたら狭窄（きょうさく）が見つかりまして、今度ステントを入れることになりました。

**中尾：**やはり、何年かに1回はやったほうがいい？

**和田：**血液検査よりも直（じか）に血管を見たほうがいいでしょうね。

**中尾：**悩んでいたんですよね。会員になって高いお金を払って、年に2回検査しているのですが、検査値はすべて平均で今のところ、問題がない状態でしたので。

**和田：**私だったら、脳ドックと心臓ドックだけは受けると思います。心筋梗塞と大動脈瘤・解離を避けたいと考えているからです。いずれも急死の大きな原因になる病気です。大動脈解離は、笑福亭笑瓶さんが亡くなった病気です。これらに関しては血液検査ではわかりませんから、造影剤を入れて直に血管を見ないとわかりません。それで大動脈瘤・解離、心筋梗塞の初期状態がわかれば、確実に防ぐことができます。

がんの場合は宣告されても急死するということは稀（まれ）です。通常は半年とか2年とかそれぞれ余命がありますから死ぬまでの準備ができますが、大動脈瘤・解離や心筋梗塞で急死だと後始末ができないから大変でしょう。なるべくそれを避けるようにしたいという意図があります。

**中尾**：でも年を取ったら急に亡くなったほうが楽ではありますよね。

**和田**：それは中尾さんが何も隠すことがないからですよね（笑）。

**中尾**：「健康康診断って年に2回もやらなければいけないのかしら」と思って、ちょうど悩んでいたところでした。

**和田：**おっしゃるとおり、少なくとも2回は必要ないですね。1回でいいでしょう。それと死ぬまで元気に生きることを大事にしたいと思うならば、日本の医者の言うことはあまり鵜呑み（うの）にしないほうがいいかもしれません。日本の医者はお節介ですから、悪いところが見つかったら、「これをやめろ」「あれをやめろ」「この薬を飲め」と言ってくる。それが本当に効果的かどうかもわからないのに、たくさん薬が処方される。年を取った人にそれだけの薬を飲ませることが本当によいのかどうかは正直、よくわからないのです。それよりは今を楽しむこと。今を元気に過ごそうと心がけるほうが、死ぬまで元気に生きることができるのではないでしょうか。

**中尾：**それでは、やめてしまってもいいかなと思います。いちおう、自分で健康には気をつかっていますから。

**和田：**人間の健康は、年を取ってくるととくにそうだと思いますが、自分に合った健康法があると思うんです。医者は確率的に高い健康法は教えてくれても、個人差を認めませんし、見ようとしない。つまり、全員に同じ薬を出そうとするわけですよね。その人にとってみたら、薬よりも野菜を摂るほうがずっといいことだってある。自分でこれをやっていると調子がいいと思えることをやると、元気になれたりする。

**中尾：**ドックへ行くのは本当に具合が悪くなってからでいいというのは、とてもいいですね。たとえ毎年、受けたとしても、そんなに早期発見できるのかもわかりません。

**和田：**がんはある年齢を超えると進行も遅いし、何もしないほうが少なくとも苦しまないですみますよ。そこは結局、残りの人生をどう生きるかを考えて選択したほうがいい。

**中尾：**よし。じゃあ、私やめよう。

**和田：**少なくとも私はやらないですね。脳と心臓のドックを5年に1度やるだけで。あとは、糖尿病があるから眼底や腎臓の検査を3カ月か半年に1回くらいやっていますね。

**中尾：**持病によってどんな診断や検査を受けるのかを変えていくということですね。

**和田：**おっしゃるとおりです。眼底検査だって、糖尿病でなければ受ける必要はないけれども、結局、それを目安にして自分の生活を正したりしている。血糖値や血圧は普通の正常値よりも高めを目安にして考えているんですが、そういう検査で異常が見つかれば、もう少し真面目に節制しようかな、とか。

# がんは治療だけがベストの選択ではない

## がんだけを切ってくれる医者

**中尾：**信用できる腕のよい医者を知っておかないといけませんね。

**和田：**そうなんですよ。みんながん検診には行くけれども、いざ、がんが見つかったらどんな医者にかかるかは考えていない。

**中尾：**そこですよね。医者の選び方がわからない人も多いと思います。

**和田：**医者の選び方、見極め方も確かに難しいのですが、人それぞれの考え方にもよるとは思います。たとえば、胃がんが見つかったとする。ひとつの選択肢はもう年だから治療はいっさいせずに自然に任せるという選択もあるでしょう。「それはいやだ、手術できるならやりたい」という人に、よく私は、「がんだけを切ってくれる医者を探そうね」と言います。日本の場合、他に転移するといけないから、がんの部分だけではなくて、胃を3分の2取ってしまうとか、肺をごっそり取ってしまったりする。若い人と違って、高齢者は体力がないから、そういう手術を受けると、急に老け込んだりしますよ。しかも胃を3分の2も取ったら、ちょっと食べただけでお腹がいっぱいになってしまって、ガリガリに痩せてしまうでしょう。

だからそういうときには、今なら腹腔鏡を使ってがんだけを取る手術もできます。もちろん転移のリスクはあるけれども、年を取っているぶん、転移も進行もそんなに早くない。がんの部位だけ取ってもらえれば、そこまで体力も落とさないですみます。だから、生活の質を考えてどういう治療を受けるかを考えなければばいけません。そういうことを考えて勧めてくれる医者は極めて少ないんです。

抗がん剤治療を否定されていた近藤誠先生と生前、とても仲良くさせていただいたんですが、「そういう先生はいるんですか」と伺ったら、「いなくはないんだよ」とおっしゃっていた。「5、6人だけど」って。教えてもらう前に、亡くなってしまわれたけれども。口コミも含めて、どんな手術をやっているのか、調べてみるといいですよ。

**中尾**：そこが難しいところですよね。

**和田**：信用できる人に推薦してもらうのもいいでしょう。

**中尾**：お医者さんの言うことがすべて正しいとは限らないけれども、いざというときにお医者さんの知り合いがいないと、本当にわからない。

**和田**：だから、飲み友達にしろ、仲の良い友達にしろ、医者がいるに越したことはないですよね。友人付き合いをしていれば、本当のことを言ってくれることもあるでしょう。

# がんで亡くなったら運が悪かったと開き直る

**和田：**先日、たまたま学校の同窓会で循環器内科の医者に会って、きっと彼は私の考え方とは全然違うだろうなと最初は思っていたんです。循環器内科の医者は基本、検査値をベースにして、「節制しろ」「コレステロール値を下げげろ」「痩せろ」なんて言う人たちだから。でもその先生と会食していたら、「やっぱり人間は見た目年齢が大事だよね」と言っていた。「見た目が若い人は長生きするし、老けている人は早く死ぬんだよ」って。たぶんそれは、長年、医者をやってきて、自分なりの経験から感じたことを、こういうインフォーマルな場だからこそ、ぽろっと言ってくれたんだと思うんですよね。友人同士なら、医者もそういう話がしやすいんだと思う。

**中尾：**言ってしまえば、最後は死ぬことには変わりないわけですしね。それを言ってはおしまいだけれども。

**和田：**いえいえ、おっしゃるとおりですよ。そこまで開き直ればいちばんいいと思います。本当ならそんな余計なことを心配する時間なんてないわけですよ。先日、テリー伊藤さんと対談させていただいたけれども、「俺には時間がない」ということをテリーさんもおっしゃっていました。もう時間がないから残りの人生は楽しまなきゃいけない。そのとおりだなと思いました。結局、病院通いが趣味みたいになってしまうと、そういうくだらない時間に費やされてしまうわけですから。

**中尾：**お金もそうですね。

**和田：**それならそのぶんの時間もお金も、病気なんか知らぬが仏で楽しむほうがいい。先ほどお話しした浴風会病院では老人ホームと病院が併設されていて、日本でも多いほうなのですが、年間に100人くらい亡くなった患者さんの解剖を行います。それでわかったのは、85歳を過ぎて亡くなった人で、身体じゅうのどこにもがんがない人はいないんです。でもそのうち、がんが死因の人は3分の1くらいですよ。残りの3分の2の人たちは、知らぬが仏で亡くなっている。

**中尾：**なるほど。

**和田：**高齢者ならば小さながんもそこまで大きくならないで、知らぬが仏のほうが多いんです。だからそこはもう、思い切って「がんで死んだら運が悪かったんだ」と開き直るという考え方もあると思いますよ。

# 60歳からの美と健康は「維持」することを心がける

## 一番のアンチエイジングは「現役」でいること

**中尾**：最近、よくアンチエイジングという言葉を目にしますけれども、いつまでも若々しくいる秘訣はというと、一番はずっと現役でいることでしょう。私も常に人前に出る仕事ですから、やはり身体が資本だという意識があります。

**和田**：人に見られる職業というのは大きいでしょうね。人生100年時代といわれる昨今、これまでは60代というのがひとつの区切りで、60歳くらいで定年・退職を迎えていたわけですが、今は定年の年齢がどんどん引き上げられていますよね。70歳、80歳まで働きましょうというような人生設計もありうる。

**中尾**：そうですね。元気ならいつまでも働いていたいという人も多いのではないかなと思います。

**和田**：ええ。働きたいでしょうし、また中尾さんなんかがここ20～30年で新しいスタイルを確立されているのではないですか。ある種のご意見番的なポジションというか。

**中尾**：いえいえ、そこまでは……。

**和田**：毒舌というか……。

**中尾**：べつに意識したわけではありませんし、若い頃からずっと言っていることは変わりません。若い頃は生意気に捉えられていたことも、年を重ねると、自然と周りが受け入れてくれるようになっただけかなとも思いますよ。

**和田**：そのスタンスをごく早い時期に、上手にお使いになられている印象があります。現在、中尾さんと同年代の方でそのようなスタンスの人はわりと少ないのではないかなと。美川憲一さんも独自のスタイルがありますけれども、同年代ですよね？

**中尾：**同じぐらいです。団塊の世代でも元気なほうですしね。変に嫌われたくないと考えていると、どうしても守りに入ってしまうでしょう。

**和田：**嫌われたくないという生き方をすると、逆に個性がない人になってしまうと思いますよ。でも年を取ってくると、みんなに合わせて無難なことを言っている人よりも、ちゃんと一家言あって、自分の意見を言う人のほうが頼りになる気がするんですが、いかがでしょうか。

**中尾：**頼りになるかどうかで言えば、やはり現役でいないと説得力もないし、周りも受け入れてくれないでしょう。ただ好きなことを言っているだけでなくて、それなりの努力は必要かなと思いますね。

**和田：**もちろん、それはそうですよ。

**中尾**：だから、それをキープするのもけっこう、大変は大変です。

## 心も身体も使わないと維持できない

**和田**：女性の場合、見た目などの美容にしろ、ファッションにしろ、いろいろと努力しなければならない問題もあるでしょうけれども、男性の場合はきっと話が面白いかどうかでしょうね。もちろんそれは女性にも言えることでもある。だから、女の人は二重で現役でいないといけないから大変だろうと思う。

**中尾**：私は中学までしか出ていないんですよね。若い頃は〝学問なんて必要ない！〟なんて大見得を切ってきましたが、やはり年を取ってくると教養や知識は必要です。

**和田**：知識といっても、私の場合、学生の頃の「勉強」で得た知識よりも、医者になってから得た知識のほうがずっと多い。あるいは他の社会人経験、文筆業をやりながら学んだことのほうが大きいですね。中尾さんにしても、中卒だからって、その後で得た知識があるから、いろんな人と対等に話すことができるわけですよね。

ところが多くの人が、いちど、頭が良くなった人間は、そのまま悪くなったりしないと思っている節がある。東大を出た人間が一生、賢いかというと、そんなことはありません。その後、ちゃんと勉強を続けていなければ、馬鹿になるに決まっていますよ。

**中尾：**身体と同じですね。いちど鍛えたらもうやらなくていい、というわけにはいきません。ずっと続けなくてはいけない。

**和田：**スポーツ選手なんかは、引退後にガクンと運動量が減る半面、食べる量が変わらない。結果、暴飲暴食になりやすく、かえって早死にするケースも多い。

**中尾：**怠慢太りみたいなものですね。人生のなかで、「自分を酷使する時代は終わった、あとは楽をしたい」と思ってしまう。でも、一生元気でいようと思うならば、楽はできないと思います。極論を言えば、それは死ぬまで続くと思います。

**和田：**プロスポーツ選手は身体を鍛えることが職業だったから、仕事から解放されて引退してしまうと、趣味として身体を鍛えるというような感覚がないのかもしれないですね。

**中尾：**それでもきちんと引退後も身体を鍛えてらっしゃる方は一握りなのかもしれないけれども、いらっしゃいますよね。そういう人たちはさすがに健康な生活を送られている。そう考えてみると、維持するというのが、いちばん大変なことですね。実際にやることはそこまで大変なことではないけれども、継続が難しいと思います。

**和田：**維持するという考え方はバカになりませんよ。認知症の人も含めて高齢者は放っておくとできないことが日々増えていってしまう。今日できたことが明日もできる保証なんてないわけですから、それが毎日できるだけでも、年を取っていないことの証拠だと思いますし、認知症を進めないための重要なポイントなのです。

認知症と診断された時点では、物忘れはあってもきちんと話すことはできます。料理もできるし、買い物もできる。だから重要なのは、これ以上、認知症の症状を進行させないことなのです。そのためにはどうしたらいいですかとよく聞かれますが、とにかく今できることをなるべく減らさないようにすることだと、私はよく言います。

たとえ認知症でなくとも、放っておくと今できることがどんどんできなくなるというのが、老化なんですよね。アンチエイジングにおいて、本当に重要なのは、中尾さんが今、おっしゃられたこと。ずっと続けていくこと。維持することなんだというのは、とても大事な発想です。

# 楽しく生きることが元気で健康な毎日につながる

## 歌うことが認知症の防止になる

**中尾：**身体を動かすことの効果は、身をもって感じます。それをずっと続けてきたから、現在もつらさを感じずに、さらに継続できているのだなと実感しています。だから声を大にして言いたいのは、70、80になってから急に焦って始めても、手遅れというわけではないけれども、できるならば60代の身体がまだまだ動く時期から、意識的に続けていたほうがいいと思います。

**和田**：中尾さんは歌手ですから、今もお客さんの前でステージに立って歌われている。当然、ボイストレーニングなんかも継続されているわけですよね。

**中尾**：もちろん、しています。

**和田**：これはあくまでも経験論的なことなので、何か実証的なデータがあるわけではないけれども、私は声を出すことが認知症の進行を遅らせるいちばんいい方法なのではないかなと思っているんです。私の患者に何人か詩吟をやっている方がいるんですが、その方たちは本当に認知症の進行がほとんど見られない。どこまで因果関係があるのかはわかりませんが、やはり声を出すことが大事なんだろうなと。

**中尾**：認知症であることは確かなんですね？

**和田**：もちろん。物忘れもありますし、脳も萎縮している。典型的な認知症です。けれども、詩吟をやられている方はあまり進んでいないんです。もちろん、年齢とともに衰えるわけですけれども……。そういう方は少なからずいらっしゃいますね。詩吟が特別いいのかは定かではないけれども、私はカラオケなんかを勧めたりしています。

**中尾**：健康のバロメーターは声ですよね。声に張りがなければ、元気がないのかなと思ってしまう。衰えが一番にわかりやすいところです。

**和田**：おっしゃるとおりですね。声がダメになってくると、物を飲み込む機能、嚥下（えんげ）が悪くなってきます。中尾さんの年代はともかくとして、もう少し上の年代、80代以降は誤嚥がとても多い。

**中尾**：私でも時々むせますよ。でも発声練習を普段からやっているおかげで、今でも音域が広がっているのです。いくつになっても鍛えていれば成果は出るんだなと実感しています。

**和田**：素晴らしい。

**中尾**：音域が広がれば、楽に歌えるようになりますね。

**和田**：日本でもわりと年取っても歌う方が増えてきましたね。以前、ロサンゼルスのライブハウスで好きなところがあって、よく通っていたのですが、往年のスターが時々来て歌うんですよ。ビリー・デイヴィス・ジュニアとか。１９６０年代に活躍した歌手ですが、すごい声の張りでした。

**中尾：**トニー・ベネットだって、90歳を過ぎてもＣＤを出していました。だから、「努力すればそこまでいけるのかな」と思います。

**和田：**いけるんじゃないですかね。

**中尾：**そういう人が現にいると、可能性を感じます。まだ、「もう少し頑張れるかな」と思いますよね。

## デイサービスをもっと楽しい場所に

**和田：**「夢コンサート」というものがありますよね。たまたま松方弘樹さんの晩年にけっこう仲良くさせていただいて、病院も紹介させていただいたりしたのですが、そのときのご縁で、何回かコンサートを見に行かせてもらいました。狩人さんや小林旭さんなど、往年のスターたちがステージに立って歌ってくれる。そうすると、2000人くらいが集まっているんですが、もう大熱狂なんです。だから、音楽は本当に人間を若返らせるなと思いました。

**中尾**：音楽をやっていてよかったと思うのは、一瞬にしてその時代に戻ることができるところです。みなさんそれぞれの人生がある。その曲を聴いていた頃のさまざまな思い出が詰まっている。ひとつの曲を聴くことで、自らその時代を思い返してくれる。そういう意味では、音楽をやっていてよかったと、最近つくづく思います。

**和田**：2000年頃に介護保険が始まり、デイサービスの事業がスタートしました。軽度の認知症の方や簡単な介護が必要になってきたお年寄りを昼間にお預かりして、ご飯を提供したり、入浴をさせたりするような施設です。これが始まった当初、デイサービスではレクリエーションとしてお年寄りに童謡を歌わせていたんですよ。いくら認知症だからといって、いい年齢の人に童謡を歌わせるなんて、馬鹿にするなという感がありました。

けれども、この20数年でニーズも考慮してずいぶん変わったのは、今だとデイサービスでカラオケを導入してみんなで歌っている。20年くらい前の曲を歌わせると、本当に元気になっていきますね。

**中尾**：だから私は、『ザ・デイサービス・ショウ』というミュージカルを作りました。デイサービスでは童謡ばかりを歌わせられるけれども、私たちの青春時代は、プレスリーとかビートルズの世代でしょう。だからバンドを作ろうと言って、ロックバンドを作って、みんなで楽器を弾く。そういうミュージカルを作ったのです。

**和田**：素晴らしい。素敵じゃないですか。

**中尾**：練習していると、みんなリハーサルに来るのが楽しいんですよね。その様子を見ていたら、私は仕事で作ったわけですけれども、まさにこれが本当のデイサービスだったらいいなと思いました。そういう場所ならみんながまた来たいと思うわけですし、毎日練習することにもなるから、当然うまくなるでしょう。だんだんうまくなってくると、みんなに見てもらいたいという欲も出てくる。それがいいですよね。

ミュージカルのバンドは本当に一から始めました。私よりも全員年上でしたが、キーボード担当の方なんかは最初は1本指で弾いていた。結局、6年くらい続けたのですが、毎年やるたびにレベルが上がって、片手でできるようになったと思ったら、今度は両手で弾けるようになりました。バンドもただ演奏していたのが、次の年は「前に出てきて踊りを踊ってください」とダンスを始めたりして、いろんなことができるようになりました。実際にこういうデイサービスがあるといいですね。

**和田**：気持ちも若返ったほうがいい。みんなと一緒にやるというのも、脳が活性化されてとくにいいと思いますよ。介護もお互いが楽しめたほうがいい。いろんな職種の人が関わってもいいんじゃないかなと思いますね。料理人だった人が引退後に料理を作りに来たり、元ミュージシャンとかバンド経験がある人が音楽を教えるとか。

**中尾**：どっちみち自分たちもいずれ行くところですから、これまでのデイサービスの常識を少しだけ変えて、当時者たちが本当に「楽しい」と思える場所が増えたらいいなと思います。

# ペットとともに生きることが生きがいになる

## 犬の散歩を口実に外へ出る

**和田**：介護施設なんかはやはり集団生活ですから、どうしても食事の時間・入浴の時間と決められていることが多く、不自由を感じる人も多いと思います。中尾さんは、食事なんかは現在どうされていますか。

**中尾**：私はわりとキチッとしていますね。朝昼晩はきちんと食べて、夜は10時くらいには就寝します。朝はまだ寝てられるのだけれども、目が覚めてしまうから

4時か5時には起きて、犬の散歩がてら公園に行って、そこに集まるご近所さんと会う。それが今のところルーティンになっていますね。それは無理せずに続けられることだから。急にダイエットとかそういうことはしない。毎日続けられることをやっていないと続けられませんから、特別なことはしません。でも、今後、飼い犬が亡くなってしまったら、どうしようかなと思っていますが……。

**和田：**保護犬や保護猫の里親なんかだと、年を取ってからペットを飼おうとすると、ちゃんと世話ができるのかと引き取らせてくれなかったりするでしょう。

**中尾：**やっぱり、大変ですからね。

**和田：**大変なのはわかりますが、日本は里親とか引き継ぎとか、やり方が堅苦しいところがありますね。

**中尾：**問題になっているのは、本当に一部の人だと思います。

ペットは、自分の生活に張りを持たせてくれる、とても大きな存在です。

**和田：**私はうつ病の人にペットを飼うことを勧めたりしていますが、年齢制限があって飼えないと言われるのは気の毒だなと思いますね。また、猫だとほとんど放っておくけれども、犬の場合はお散歩がある。それが実は高齢者にとってもいいのではないかなと思います。女性は年を取っても友人もいるし、外に出ることが多いけれども、男性は犬の散歩みたいな日課がないとまず、外に出ないでしょう。

## ペットと一緒に生きる効用

**中尾：**おっしゃるとおりです。朝に集まるご近所のみなさんは、本当に元気です。このあいだ、それを俳句に詠みました。

「老梅や 老人老犬 爽やかに」

本当に老人と老犬ばかりです。でも、それはそれは清々しいほど元気な集まりです。

**和田：**犬にもよるかもしれませんが、犬を飼っていると規則正しく、生活が送れますね。人ってなかなか無目的に散歩ができない。買い物に行くとか誰かとお茶を飲む約束があるとかなら、その行き帰りで散歩をするかもしれませんが、それと同じで、犬の散歩だと、犬に合わせないといけないから、逆にそれがいいような気がしています。

**中尾**：毎日、身体を動かすことを見つけるのは大変です。私はおかげさまでテレビとかに出るような人間で、みんなもニュースに飢えているから、おしゃべりしたさに集まったりもしているわけです。でもそれは、誰かが「この指止まれ」をしないとなかなか集まらないし、続かない。そのためだけではないけれど、私が毎朝「行かなきゃ」という義務感が少しあるかもしれません。

うちの老犬もあまり歩けないけれども、散歩は好きだし、公園に行けばみんなが寄ってきて、可愛がってくれるから、犬もうれしそうですしね。

# 60歳からは遠慮せず好き勝手がちょうどいい

## 朝起きたら必ずお化粧する

**中尾：**最近心がけていることというわけではないけれども、いちおう、朝起きたら、ちゃんと化粧をするように心がけています。化粧というほどしっかりしたものではないけれども、自分が見てもある程度、みっともなくないようにしていたいと、この頃、思うようになりました。自分で客観的に見ても、年を取ってきたなと思うことがあるわけです。朝起きて、顔を洗ったときに鏡を見たりしたときにひしひしと感じますよね。自分でもそう思うのだから、他人もそれを見せられたら、あまりいい気分じゃないだろうと。だから、最低限の化粧をちゃんとして身だしなみを整えておくという意識が必要だなと考えるようになりました。

**和田**：女性に限らず、私たち男性だって、鏡を見るといやになることはたくさんありますよ。自己イメージがいちおうありますしね。私はテレビなんかには滅多に出ませんけれども、こうやってお話ししていても、「老けたおっさんだな」と思われないようにはしていたいなと思います。

**中尾**：そういう意識をなくしてはいけないないなと、最近、とみに思うようになりました。職業柄、化粧はしなきゃいけないのもあるから、洗顔などの手入れは入念にするようにしています。それは酔っ払って帰ろうが、疲れていようが、とりあえず、ひと通りのことはします。だから寝るまでにそれなりの時間がかかりますけども、朝起きたときに、ちゃんとやることをやったんだと思えるようにしたいから。

**和田**：立派ですね。

**中尾**：自分で、「偉い、偉い」と言っています。自分の変化を見るのがとても楽しい。顔も手入れ次第でそれなりに変わるわけですよね。意識することが大事だと本当に思います。目ひとつとっても、物を見るのにどうでもいいやと疎(おろそ)かにしていると、瞼(まぶた)が下がってくる。だから、ちゃんと目を見開いて、物をしっかり見るように心がけていると、やっぱり変わってきます。

だから、私は整形だなんだということは考えません。自力で変わっていくのが楽しみですね。時々エステに行くくらいです。

**和田**：腕のいいメイクに当たると、女性はすごく変われますからね。

## 年を取ったからこそ派手な服を着る

**和田**：私は50歳くらいから一時期の間、ずっとボトックスを入れていました。弛(ゆる)

んだシワを伸ばしたりするだけで、顔がちょっと変わると気分も上がるんですよね。ですから、外見も大事だなと思うようになりました。白髪も一部分だけが白くなっていて格好悪いから染めに行きます。それをやると、やっぱり気分が上がる（笑）。男性でもそうなんだから、女性もメイクをしたり、お手入れしたりして外見が変わると気分も上がりますよね。

**中尾**：本当に薄化粧程度でもいいから、身なりに気をつかうといいですよ。60歳になったからといって、変に老け込んでオシャレなんか必要ないなんて思わないで、自分の気持ちを上げるためにも必要なことだと思います。

着るものもね、年を取ったらどんどん派手にすればいい。たとえば、昔はお葬式にマニキュアをしていったら、いろいろと小言を言われたりもしました。時代や風潮の変化でお葬式のやり方も変わっていきます。

喪服にしても何故、黒でないといけないのでしょう。マニキュアをしているからといっても、失礼でもなんでもないでしょう。

**和田：**日本って本当はそんなに宗教にうるさくないから、好きに変えられるはずなんですけれどもね。

**中尾：**それなのに、喪服の「マナー」は古い常識のままです。グレーはいいけれど紺はダメとか。

**和田：**中国も昔は人民服をみんな着ていたけれども、今はみんなそれぞれの服装でおしゃれですよね。北朝鮮の人がみんな同じ服を着ていると不気味に見えるのと同じで、日本も北朝鮮に次いで、同じ服ばかり着たがる国なんじゃないかと思うことがある。それを変えていかなきゃいけないですね。

『anan』や『non-no』のような女性ファッション雑誌の創刊が昭和40年代くらいですから、それらをリアルタイムに読んでいた人は今、もう70代くらいですよね。戦後の貧しい時代とは違って、若い頃からおしゃれ経験のある世代が高齢化してきているから、そういった世代はお年寄りになってもファッションに関心がある。

50代以上の女性をターゲットにした雑誌『ハルメク』が国内で一番の売り上げがあるそうだから、年を取ってもおしゃれに気をつかえる人が増えている。それはアンチエイジングにもとても効果があるように思いますよ。ココ・シャネルにしても、年を取ってから復活したわけだし、いつまでもおしゃれでいようという感覚はとても大事です。

**中尾**：50代をターゲットにするだなんて、昔だったらありえなかった。ましてや、私なんかもこの年齢で今もいろんな媒体で取り上げてくれる。少し前だったら、もうお役御免でしょう。

**和田**：私が中学生くらいの頃でしょうか、映画館に『砂の器』を観に行ったことがあります。そのとき、ボロボロの老人役をしていたのが、加藤嘉さんでしたが、当時はまだ61か62歳くらいでしょう。今の私よりも若い。昔は本当に〝年寄り〟が年寄り然としていた。

言い換えれば、年寄り臭くさせられていたとも言える。年寄りが若作りすると、

「年寄りの冷や水」なんて非難されたわけですから。そう考えると、今はいい時代だと思います。

**中尾**：いい時代ですよね。だから、今がいいチャンスなんだから理不尽なことはどんどんと変えていけばいい。60代になったからこそ遠慮せずに、好き勝手にやるくらいがちょうどいいと思います。

# 身体によいか悪いかよりも気持ちいいか悪いかで決める

## 外食は健康にいい!?

**中尾：**中国や台湾みたいに屋台で食事をするのもにぎやかでいいですよね。

**和田：**ええ、中国や台湾は外食率がとても高いんです。現実問題、外食が当たり前の国のほうが女性も働きやすい。意外と知られていないことですけれども。

**中尾：**こうやって働く人たちが集まれるところが近くにあるといいですね。

**和田：**日本人の悪いところで、お家のご飯のほうが外食より健康にいいと考えている。食事はね、年を取れば取るほどたくさんの種類の食べ物を摂ったほうがいいなと私は考えています。栄養素が足りないと何かしらの障害が出ることがありますから。

たとえば、亜鉛が欠乏すると味覚障害を起こすことはよく知られていますね。若い人だと亜鉛が足りなくても障害を起こすまでにはいかないのですが、年を取ってからは亜鉛が足りなくなるとかなりの確率で味覚障害になります。だから亜鉛を多く含んでいるカキとかニンニクを食べないといけない。けれども、お家ご飯だとなかなかそういう食材を使わなかったりするから不足しがちなんです。そういうときは外食がいい。

## ラーメンは現代のバランス食!?

**和田：**これはよくいろんなところで話しているのですが、ラーメンも健康にいいんです。みんな身体に悪いと思い込んでいるだけでそうではありません。昔と違って、今のラーメンのスープは無化調（化学調味料を使わない）が主流で、10～15種類くらいの食材を入れて煮込んであるわけですよね。それでトッピングに野菜とメンマ、チャーシューがついて、野菜もタンパク質も摂れるし、当然、麺で炭水化物も摂れる。それだけでけっこうなバランス食になっていると思いますよ。

1日30種類のものを食べましょうと私たち医師は推奨していますけれども、幕の内弁当を食べるだけで15種類は摂れるんですよね。ですから、お家ご飯が健康にいいように一見みえるけれども、粗食だとどうしても種類が摂れないんです。昔は貧しいから品数の少ないものを食べていた。けれども年を取るとなぜか、そういう貧しい食に戻ってしまう人が多い。

**中尾：**いろんな要因がありますよね。経済的なこともあるでしょうし、面倒臭いということもあるでしょう。

**和田：**韓国や台湾に行くと、小皿で20皿くらいいろんな料理が出てきますよね。

普段から高齢者を診察している医者からすると、あれはとてもいいですよ。大勢で食べに行ければ、コストを安く抑えることだってできるし、そのぶん、品数を増やせますしね。

## 年を取ったら脂肪が大事

**和田**：高齢者の健康についてお話しすると、やはり60代以降は筋肉を落としてはダメですね。年を取ってから筋肉が落ちると足腰が弱り、歩けなくなる原因になります。前にお話ししたように、男性の場合は男性ホルモンが減ってくると筋肉が落ちてしまうから、筋肉を維持することが大事です。

男性も女性も肉体維持のためには、年を取れば取るほど、肉を食べるといいと思います。良質のタンパク質を摂取すること。そのとき問題になるのが、脂肪ですね。アメリカ人は脂肪の摂りすぎが問題で、心筋梗塞が多いのですが、逆に日本人は脂肪を摂らなさすぎる。いわゆる健康的なピチピチとした肌や胸、お尻というのは、全部脂肪ですから。脂肪を摂りすぎるのもいけないけれども、目の敵にしすぎてもいけない。

**中尾**：昔の常識は今日の非常識になってきていますね。食べ物に関しても、私たちの年代はとくにそうだけれども、いろいろ勘違いしている部分が多い。今の脂肪の話にしてもそうです。第一、食用の油にしても、今は昔と違って、品質もいいですものね。

**和田**：ええ、良質なものが増えました。あとは身体に良い油というものも確実にあります。ＤＨＡなどが含まれる魚の油とか、オリーブオイルなんかがそうですね。いずれにしろ、油・脂肪が足りなくなると、一気に老け込んでしまいますから。極端な話、週に2、3回トンカツを食べても身体に悪いわけではないと思いますよ。

**中尾**：私もサラダにオリーブオイルをかけたりはしますけれども、体型の維持もあって、少し油ものは控えるようにしています。でもそれよりも身体を動かしていれば問題ないですよね。

## 60代以降は無理なダイエットは禁物

**和田：**とくに60代以降やってはいけないのは、食べ物を減らして痩せようとすることですね。これは確実に栄養不足になります。食べ物をきちんと摂って運動して痩せようとするほうがはるかに身体にいいと思います。

ですから私自身は、60代以降は小太り程度がちょうど健康的でいいのかなと思います。とにかく食べ物はきちんと摂ること。年を取ってから元気を保ついちばん重要なポイントですね。

**中尾：**身体を動かせるようにしておくというのは、年を取ってから急に始めたら、やっぱり負担が大きいと思いますね。だから、それを習慣づけるためにはもっと早くから始めたほうがいい。それこそ60代から習慣づけないとダメですよ。

**和田：**それはよいと思います。運動にもいろいろあって、ランニングやウォーキングまでいかなくても、散歩で十分効果があると思います。散歩はいろんな景色を見ながらできますから、脳にも刺激があっていいですね。あと、せっかく運動するならば、楽しく身体を動かすといい。ダンスが好きなら、思いきって習ってみるとか、するといいと思う。

年を取ってからは怪我の心配もありますから、比較的楽な運動をやるといいでしょう。水中ウォーキングもいいと思いますし、階段の下りを意識するのもいい。足の筋肉でも、上り階段に使う筋肉よりも下り階段に使う筋肉のほうが先に衰えやすい。だから、年を取ると階段の下りが怖くなる。そこで下りは手すりを使ってもいいからゆっくり、階段を降りてみる。

あとはゆっくりした運動なんかもいいですね。太極拳なんかもとてもいいと思います。

中尾：こと肉体維持の運動は、特別新しいことをやれということでもないと思いますね。散歩にしろ、階段の上り下りにしろ、億劫がらずに継続することが大事ですね。

## お酒はコミュニケーションの潤滑剤

中尾：お酒は飲めるけどもうほとんど飲まなくなりましたね。年を取ると自然と身体が要求しなくなってきました。

和田：昔から酒豪といわれる人が、年を取るとそうでもなくなる、みたいな話はよく聞きますね。私もだいぶ弱くなりました。以前は外食の際には、ワインも1人で1本くらい飲んでいましたが、今では2人で1本くらいですね。健康的に言えば、2人で1本くらいがいちばんいいとされています。

中尾：それくらいでしたら今でも飲みますけれども、私たちが若い頃は変に、飲めるということが自慢みたいになっていましたから。一気飲みなんかも流行(はや)っていました。でもだんだんと次の日に影響するようになってきて、飲むと絶対後悔するので、そこまで飲まなくなりました。

**和田**：飲みたいという気持ちは変わっていないのですが、飲んでいるうちにだんだんと眠くなってきたり、だるくなってきますね。

**中尾**：若いうちは二日酔いも楽しめるんですけれども、年を取ると後悔することのほうが多いですね。また自分の適量もわかってきますから、それくらいが楽しく飲める。そこで自制心が働けばいい。

**和田**：私は最近、お酒の飲み方について、一人飲みはやめましょうと言っています。一人飲みをしていると、どんどん量が増えてきますし、うつっぽくなったり、アルコール依存症になりやすい。できるだけ、一人飲みは避けて、誰か飲む相手がいるといい。夫婦ならご主人と晩酌でもいい。もうひとつはお酒を飲む目的を酔うことにしない。楽しむために飲むことを心がけましょう、ということですね。

だから友人や仲間とコミュニケーションを深めるために飲む。愚痴をこぼしたりでもいいけれども、とにかく誰かと楽しむことを目的にしてお酒と付き合うほうがいい。一人飲みの典型ですけれども、酔い潰れて我を忘れたり、いやな世の中からの逃避目的で飲んだりしていると、量も増えるし、メンタルヘルス的にもよろしくない。

**中尾：**精神的にもそうですけれども、肉体的にもそうですよ。そういうめちゃくちゃな飲み方をする人は、早死にする人が多いですよね。昔の大御所の方々はみんな酒豪でしたから、亡くなるのも早かったような気がします。

**和田：**そうですね。そうやってお酒で自分の身体をいじめることが格好いい、みたいな変な風潮がありましたから。

**中尾：**最近は若い人でもあえてお酒を飲まないという人もいるでしょう。

**和田：**飲まなければ飲まないで、やはりコミュニケーションが取りづらくなりますね。こちらは飲んでいても、向こうが飲んでいないとしゃべりづらい。多少アルコールが入れば、馬鹿になりますから、一種の潤滑剤になる。

**中尾**：楽しくお酒を飲んで、大はしゃぎした次の日は、そんなに残らないものですよね。ちゃんと発散していますから。

## タバコを吸い続ける人の特徴

**和田**：いずれにしろ、楽しむことが大事ですよ。楽しむために飲むのに、楽しめないと。お酒もコミュニケーションツールになるわけですが、嗜好品で言うと、タバコもわりとコミュニケーションを円滑にするアイテムですよね。コロナ禍がいちばんいい例ですけれども、喫煙所に行くといつの間にかみんな仲良くなっている。虐げられた者同士だから（笑）。

**中尾**：タバコを吸うのと吸わないのとでは、如実に声に反映されますね。呼吸器ですから声の乗りが全然違いますよ。

**和田：**やはり吸うと悪いですか。

**中尾：**よくないですね。

**和田：**ブルース・シンガーとかだと、タバコを吸ってわざと喉を潰す方もいますよね。

**中尾：**そういう方もいると思いますけれども、声が全然違うので、やめました。それでも50歳くらいまでは吸ってましたけれども。

**和田：**私は、タバコは自分には合わなかったので、すぐにやめてしまいました。ワインの味が不味くなるから、吸わないですね。

**中尾：**やめてみたら、あんなに不味いものはないですね。本当になんでこんなものを吸っていたのだろうと思うくらいです。

**和田：**吸わないからわからないけれども、たぶん吸っているほうが頭が冴えるんでしょうね。わりと知的な仕事についている人は吸っている。解剖学者の養老孟司先生も愛煙家ですよね。私自身は全然喫煙者ではないのに、タバコや喫煙者の弾圧はいけないと言っているせいか、タバコ会社からよくオファーが来て、愛煙家の人と対談するんです。

先日も岸博幸さんと対談しましたが、やはりタバコを吸っている人はシャープですね。タバコを吸っているのが反体制の象徴みたいになっている。この逆風に耐えてタバコを吸っている人は、わりと世の中や政府に逆らうタイプが多いですよね。そういう人は、ものの視点も人と違うし、話していて面白い。

**中尾：**医学的には血管や肺によくないということですか。

**和田：**一過性として血中のニコチンが増えますから、脳の働きは良くなるんだろうと思いますね。一時的ですけれども。ニコチンはアセチルコリンという神経伝達物質と似ているところがありますから、少し頭が冴える働きがあるんだと思います。

**中尾：**一過性なんですね。

# 気分が落ち込んでいるときは酒よりもタバコ

**和田**：いずれにせよ、タバコを吸うことで気持ちが落ち着く人というのは一定数いると思うんですよね。うつのときにお酒を飲むと余計にうつが悪くなるのですが、これがタバコだと、うつのときに一服すると少し気がまぎれるらしい。

有名な調査があるんですが、山手線の駅で飛び込み自殺をした人を調べると、喫煙者は1人くらいしかいなかったそうです。「俺、死にてえな」と思ったときには、一服すると、そういう気持ちが少しマシになるのかもしれません。

お酒は抑うつ感情をかえってひどくさせるみたいで、うつのときはやめたほうがいい。昔、新井将敬という政治家がいましたが、ホテルでミニバーのお酒をすべて飲み干してから自殺したそうです。自殺は死にたいと思ってから、決行に移るまでに勢いでいかなければならないから、お酒の力を借りてという場合も多いでしょうね。べつにタバコを万人に勧めるつもりは毛頭ないけれども、精神安定効果がある人は確かにいますから、そういう人はつらくなったら吸えばいいと思う。

**中尾**：ある程度の年齢を過ぎたら、べつに好きなだけ吸えばいいと思いますよ。吸わないほうがストレスになる場合もあるでしょう。

**和田**：私の父も愛煙家でしたが、86歳まで生きましたから、平均寿命よりも長いしね。養老先生は今年で、87歳ですよ。少し病気されましたけれども、それでもタバコはやめない。依存性も高いからしょうがないけれども、べつにいいんじゃないかなと思いますよ。

知り合いのおじいちゃんで、82〜84歳くらいだったと思いますけれども、肺がんになってしまって、医者にも家族にもタバコを止められた。それで禁煙したんですが、2カ月でうつになってしまって、「どうせ死ぬんだから吸わせてくれ」と言って、タバコを吸うのを再開したら途端に元気になった。結局、92歳まで生きましたよ。

**中尾**：すごい。

**和田**：結局、年を取ってくると身体にいいか悪いかよりも、気持ちいいか悪いかのほうが大事ですよ。身体に悪いからやめろと言われても、もう60歳を過ぎれば、好き嫌いはしょうがないところもある。

**中尾**：だから、依存だなんだと考えずに、この年になったら好きなことをやれということですよね。

第3章

Hideki Wada × Mie Nakao

# 60代からの生活習慣

# 60歳から始める年を重ねるための準備

## 病院よりも公園に通うほうが健康的

**中尾**：先程も申し上げましたが、私は毎朝、運動のために通っている近所の公園でご近所さん10人ほどが自然に集まるようになりました。お互いにみんないい年齢なので、生存確認も兼ねています。

**和田**：いいじゃないですか。

**中尾**：お薬の話を和田先生から伺っていて、ふと気づいたのですが、その集まりでは、お薬の話なんか1回もしたことがありません。通院や病気の話もまず出てきません。

今日はどこそこの会社に見学に行って、そこの社員食堂でランチを食べるとか、どこかの大学の食堂が安くて美味しいとか、日々の楽しい出来事や、もっとポジティブなことに、みんなのめり込んでいます。

**和田**：そういう人のほうがお元気ですよね（笑）。細かいことを気にして、ここの具合が悪い、あそこが痛いと言って医者通いするよりも、公園で潑剌としているほうがよっぽど健康的ですね。病院の雰囲気がまた悪いですから。

私が名医の見分け方としていつもお話ししているのは、待合室にいる患者さんが元気なところはよい病院ですよ、ということです。要するに薬を使いすぎる病院は、待合室の患者さんが本当に具合悪そうで、空気が暗いのです。ところが、中尾さんがかかってらっしゃる病院の先生のように、「薬なんか使わないほうがいいよ」と言ってくれるところだと、通院している患者の皆さんはわりと元気そうです。

もっと言えば、それは医者としての大事な振る舞い方というものがあると思うんですね。もし、中尾さんがうちの診察室に来られたとしましょう。診察して「いいじゃないですか。これ、元気ですよ」「ばっちりですね」なんて医者から言われたら、不安もなく元気になるんだと思うんですよね。これが反対に、「あなた、血圧高いから、このままだと早死にするよ」なんて脅かされたら、大概の人がシュンと気落ちするでしょう。

だから、患者さんにどんな言葉をかけるのかで見分ける。元気になるような物言いをする医者だと、その病院の待合室も途端に元気になるんです。けれども、患者さんに威圧的で「あんたは病気だ」と脅してまわるような医者にかかると、大概の患者さんが顔つきも暗くなります。ですから、私はとくに高齢者を相手にする病院だったら、待合室が明るく元気なほうがいいと思いますね。

## 60歳から始める年を取るための準備

**中尾**：年齢が高くなってからだと、基本的な生活も大変になりますし、億劫になることもどうしても増えてきます。だからその年齢に達するまでの準備が必要なのではないかと思います。70歳、80歳になってから体力が衰えたから身体を鍛えようと急に言っても、それは難しい。だからそれ以前の60代のうちにそれを見越して、あらかじめ身体を鍛えたり、趣味とか自分なりの楽しみをつくっておくとか、年を取るための準備をしておくことが大事だなと思います。60歳からと言わず、50代から始めたっていいでしょう。

私は、50代に入ってから水泳を始めて、ずいぶん続けました。運転免許も取得したのは50代の頃ですね。それくらいの頃に、人生は自分が思っていたよりも長くはないと思い始めました。ただ周囲の同世代もみんなまだまだ現役でしたし、そこまでの切実感はなかったのですが、本当に変わったのはやはり60代に入ってからだったと思います。60歳の還暦を迎えたときに、「人生を一周したんだな」と感じたのですね。ここからの時間は一分一秒でも無駄にできないなと思って、元気なうちにこれまで経験してこなかった新しいことや、身体が動かなくなってからも楽しめるものに手をつけておかなければと思ったのです。

和田先生が女性は年齢を重ねると男性ホルモンが増えて意欲的になるとおっしゃったけれども、私の場合、本当に還暦を過ぎてからのほうが、若い頃よりもずっと意欲的で、ずっと貪欲になりました。

それはひらめきというよりも、むしろ60代以降はわりと計画的に考えて動いています。今、どんなに元気でもここから先は若い頃の体力には戻っていかないわけですから、できることをやって、体力が落ちないように運動もして、楽しみもできる限り増やしていく。その上で、年齢とともにやれることが減っていくのはしょうがない。それはもう自然なことでしょう。80代・90代になって突然、なんとかしようと思ってもそれは無理です。だから、元気なうちから先のことを考えておかないといけない。私にとって60代は本当にそういうタイミングでしたね。

**和田：**中尾さんが「自然なことでしょう」とおっしゃったけれども、そういう発想がない世の中になってきているなと実感することがあります。とくに現代の医者がそうですね。健康指導なんかを見ていると、とても不自然な方向へと持っていこうとしているように思うことがあります。たとえば、私たちが医者になりたての頃は、血圧は年齢プラス90でいいと言われていました。70歳だったら160でいいとかね。「血圧は年を取れば上がるのが当たり前だ」「動脈の壁が年を取るにつれて厚くなってくるんだから、血圧が上がるのは適応現象だ」というように習いました。そういうふうに人間は年齢とともに自然と血圧が上がるものだし、それは血糖値も同じ。シワもできれば髪の毛も減っていく。それが自然な年の取り方でしょう。けれども、現代の医療は正常値というものを決めて、無理矢理に薬で下げようとする。数字ばかりを見ている。

血圧や血糖値は現代医学で正常とされる数値に近い人間ほど、元気がない。高いほうが頭が冴えたり、活動的だったりするんです。高くなったものを無理に抑えると、その皺寄せが人間の身体には出るんですね。先ほどの男性ホルモンの話で言えば、加齢とともに男性は男性ホルモンの値が下がってくる。年を取って減ってしまったものを逆に若い頃の値に戻してあげると、わりと元気になるんですよ。

つまり、年を取って減ってきているものを補って、足してあげるならまだいいのですが、逆に血圧や血糖値のように自然に上がってくるものを、無理に抑えつけるというのは、実は健康によくないのではないかと思うんです。ただ単に長生きするということなら、薬を使って血圧や血糖値を抑えたほうがいいかもしれませんが、元気に生きたいなら程々にしないとダメなんじゃないかなと思います。

# 60代女性の元気で男性もつられて若返る

## アンチエイジングで老いを遅らせる

**和田：**超高齢社会というけれども、私から言わせたら、べつに高齢者が増えるのが悪いわけではないんです。ただ老けた年寄りが増えるのがまずいわけですよね。だから、年寄りが老け込まないためにどうすればいいのかをもっと考えてほしい。私自身もたくさん本を書いて、よく金儲けだと言われますが、それはそうなんだけれども、自分なりに年寄りが老け込まないためにどうすればいいか、四六時中、真剣に考えています。だから、中尾さんのような見本になる人がいるととてもいい。

あとは、自分に閉じこもらないで、みんなと一緒に会話やコミュニケーションをもっと楽しむことですね。会話がないと早く老け込むのは本当だと思います。銭湯みたいに人と人が触れ合って会話を交わせるような場所を復活させるのも本当に大事だと思います。

**中尾：**たとえば、今回の対談本を作る企画もそうですね。こういう機会があって、和田先生のようないろんな発想ができる方と話していると、頭が活性化するような気がしますね。

**和田：**それは私も同じですよ。

**中尾：**そういう機会をあえて作らないと、本当に一日じゅう、誰ともしゃべらずに時間が過ぎてしまいます。

**和田：**コロナ禍では本当にそういう日々を経験した人も多いでしょうね。

**中尾**：話すことは必要だなとつくづく思います。

**和田**：今後、不自然に老いを止める薬のようなものが出てくるのかどうかはわかりませんが、今現在、医者たちが推奨しているのは、検査データを正常値にしようとすることが多い。私はそういう方法はあまり根拠のないことだと思っています。そうではなく老いをもっとも遅らせる方法というのは、頭と身体を積極的に使うことです。

**中尾**：そうですよね。

**和田**：筋肉は使っていないと当然衰えます。頭も同じです。若い頃は、スキーで足の骨を折って1カ月寝ていたとしても、骨がつながればすぐに歩くことができる。けれども、年を取ってから風邪をこじらせて1カ月寝ていると、すぐには歩けません。しばらくリハビリをしないと歩けないんです。頭も身体も使わなかったときの衰え方は、年を取ってからのほうが激しい。だからずっと使い続けることが老化を遅らせるのにいちばんよい方法なのです。けれども、年を取ったときに、怪我をしたら大変だと無理をさせなかったり、とくに男性の場合には人付き合いが少なくなって刺激が少なくなったりする。年を取ると、世の中全体でいろんなかたちで年寄りに制約をかけたり、あるいは自分で自分にブレーキをかけたりしてしまうことが多いと思います。そこに抗って(あらが)いかないことには、老けて衰えていく一方ですから。

人口動態的に見ても、今後はもっと高齢者が増えていくわけですから、我々ができるのは、老け込んだ年寄りをいかに減らして、アンチエイジングをし、もっと若々しく元気な年寄りをいかに増やすかということでしょう。そういう発想が、今の医学にはまったくないことが問題なのです。

**中尾**：毎日、体操や運動をしていると、実際に身体も変化して、成果が出てます。最初は私が雲梯にぶら下がっているのを見て、みんな「とてもじゃないけれどもできない」なんて言って見ているだけでしたけれども、私がやっていると、みんなもいつの間にか始め出しました。最初は、鉄棒を握ることさえも怖いと言っていたのに、今ではぶら下がって脚を上げたりしている。80代の女性がですよ。できるとわかると、本当にみんな顔つきも変わります。うれしさが溢れている。
やり続ければどんな年齢でもできるんだと思います。ウエストが細くなったとか、実際に目に見えて変わってくる。手をかければ、身体はいくつになっても変われる。確実に成果として出てきますから、そういうことを継続的にみんながやってくれれば、健康なお年寄りももっと増えると思います。
**和田**：そうだと思いますね。コロナ禍のときの問題は、家から出るな、人としゃべるなと言われ続けたことですよね。家から出なければ運動もしないわけだし、人と話さなければ、頭への刺激も少なくなる。結局、年寄りをもっと衰えさせることになる。だから、コロナ禍でもテレビ体操やラジオ体操でいいから、少しでも身体を動かすといい。
**中尾**：コロナ禍ではしょうがないかもしれませんが、でもやはり1人だけでやるのはよくないですね。みんなとやったほうがいいと思います。

**和田**：ええ、本当はみんなでやるほうがいいですね。でも、コロナ禍ではなんでもいいからもっと身体を動かせと言わなければいけなかったのに、誰も言わなかった。あのときはなるべく集団で集まるなとも言われていましたし、とても難しい事態でしたね。どんなかたちであれ、人間は動き、おしゃべりして、頭を使うことを一生続けていければ、老いというものを遅らせることは間違いなしにできることなのにね。

## 女性が元気なら、男性も元気になる

**中尾**：そういえば、よく近所のおじさん、といっても年齢は80歳に近いのですが、よく一緒になります。奥さんに先立たれてしまって、一時期はとても落ち込んでいて、元気もなくめっきり老け込んでいました。ところが、ご近所さんたちと運動したり、雑談するようになってから、とても元気になりました。

**和田**：それはよかった！

**中尾**：いまや毎週のように釣りに行ったり、テニスも始めました。テニスは最初は年齢制限があるからと断られたのですが、「なんで年齢で断るんだ」と無理矢理に交渉してテニス教室の会員になり、元気に通っています。人生が楽しくってしょうがないという感じですね。

**和田**：男性ホルモンの話ではありませんが、やはり年を取ったときの男女の違いは顕著ですね。女性のほうが元気で、男性が萎れてくるというのが基本のパターンです。なので、女性のパワーで、そうした萎れた男性のお年寄りを元気にしてあげるという運動をすれば、日本の要介護高齢者はきっと減るだろうと思っています。

**中尾**：以前、『その女、ジルバ』というドラマに出演したんですが、とてもユニークな内容で、舞台となる「OLD JACK&ROSE」というバーがあって、そこで働くホステスは、40歳未満はお断りという「超高齢熟女バー」なんです。実際にこういうバーがあればいいのに、って思いました。

**和田**：まったく、そのとおりですね。かつてはお年寄りを元気にする方法が、そこらじゅうにあったのではないかと思います。確か、私が知る限りですと、昭和40年代後半に町の銭湯が激減していくんですよね。銭湯を舞台にしたドラマ『時間ですよ』も、確か昭和40年に始まったホームドラマだったと思います。その後、次第に都市部でも内風呂が当たり前になってくるんですが、その頃は銭湯がいたるところにあって、十分にリアリティがあったわけですよね。

昭和40年代は、よっぽどのお金持ちではない限り、みんな銭湯通いが多かったはずです。その頃、銭湯はまさに近隣の人々との憩いの場で、社交場でした。だから自然とお年寄りも元気になっていた。そういう場所がなくなって久しいわけですが、今のお年寄りも銭湯に通いだすと、それなりに歩く習慣もつくし、銭湯で他の人と話す習慣もついて、刺激になっていいのではないかなと思いますね。

## 最初から何事も禁止しすぎない

**和田：**「こうしちゃいけない」「ああしちゃいけない」と思いすぎるところが日本人のよくないところだと私は思うんです。年寄りの冷や水じゃないけれども、年を取ってから激しい運動なんてやっちゃダメだ、「年寄りらしく」しなきゃダメだなんて、その最たるものですね。元気ならどんどんやればいいと思いますし、そのことでもっと元気になるでしょう。

あるいは最近の例だと、ある小学校では、いじめにつながるからニックネームを禁止しているそうです。でもニックネームとかあだ名は、人と人のコミュニケーションにとってはとても重要なツールですよね。だから禁じるのではなくて、むしろ「いじめられたら学校に無理して来なくてもいい」とか、スクールカウンセラーに相談しやすい環境を整えてあげる。いじめを恐れてなんでも禁止するのではなくて、いじめが起きたときやいじめが起きそうなときの対策をきちんと教えたり、講じたりすることのほうがよっぽどコミュニケーションが不自然にならないですむような気がしますね。

もちろん本当に酷い、悪質ないじめの場合には警察に届け出をするとか、そういうことも必要になるでしょう。けれども、先回りして禁止してばかりいる大人がいるから、結局、子どもも無難な方、無難な方へと行ってしまう。

**中尾**：本当に禁止、禁止ばかりが多すぎますね。これはちょっと極論ですけれども、犬の散歩をしているときに、「ここはトイレではありません。散歩の前にトイレは済ませてきてください」なんて書いてある看板をしょっちゅう見かけます。でも、そもそも犬の散歩はトイレとセットですよね。そのために散歩をさせている面もあるでしょう。

だから禁止するよりも、ちゃんと後始末することを心がけることのほうがずっと大事だし、犬にとっても自然ですよね。何もかも禁止する看板を見ていると、世も末だなと思います。犬ばかりでなしに、人間相手にも「これはしないでください」「あれはしないでください」ばかり。

**和田：**そうですね。すごい勢いで、「禁止」が増えている。

**中尾：**否定的なことしか書かれていないから、そういう書き方をされると、ちょっと反抗したくなってきてしまいますよね。

# 高齢者問題の解決は当事者から声を上げていく

## 高齢者自身が、当事者として声を上げる

**中尾**：2024年は、お正月に石川県の能登半島地震が起きて、本当に大変な一年の始まりでしたが、今後、災害のあった地域は復興に際して、新しい街づくりをしていかなければならないわけですよね。その際に、元どおりにするのではなくて、これだけ高齢者が多い社会になっているわけですから、根本的に街づくりのあり方を変えたほうがいいのではないかとも思います。

**和田：**そうですね。要するに高齢者向けの街へと変えていくことが重要でしょう。たとえば、金沢なんかは坂道も多いと聞きますが、どうバリアフリーに近づけていくかも重要な改善点だろうと思います。また、昔と比べるとずいぶん、日本は歩道が増えました。けれども、せっかく歩道を増やしても、座って休憩できるベンチがあまりに少ない。今は利尿剤のおかげで改善されましたが、持病の心不全のおかげで、少し歩くと息が切れる時期がありましたから、よくわかるのです。

中尾さんだったら大丈夫かもしれませんが、私が見る限り、お年寄りの方で、それなりの長い距離を歩くと大変そうにしていたり、手押し車に寄りかかって休んでいたりする姿をよく見かけます。これがヨーロッパだと大概の歩道には休憩用のベンチがありますね。でも日本は高齢者が増えているにもかかわらず、まったくない。街づくり自体が高齢者向きではなくなっていると実感します。公園や歩道は増えたかもわかりません。歩道橋も増えたでしょうけれども、高齢者や身体に障がいのある方にとっては、歩道橋もけっこうな障壁です。

**中尾：**政治家なんかみんな年寄りなのにね。

**和田：**そうですよ。だから、政治家はもう公用車禁止、運転手禁止にすればいい。東京駅なんかに行っても、やたらお店は増えているけれども、エスカレーターやエレベーターは全然増えない。若い人でもキャリーケースを持って歩いていると、苦労するわけです。ですから、政治家とかＪＲの社長は運転手付きの車は禁止して、自分で動いてもらう。こんなに不便なんだって気づかせないと改善されないのではないかと思いますね。

**中尾：**先ほどの街づくりの話ではないけれども、それこそ銭湯のように、人が集まれる場所を中心に据えたコンセプトで街づくりをするというのはいいですよね。

**和田：**古代ローマみたいでいいですね。『テルマエ・ロマエ』ではないけれども。

**中尾：**本当に年を取ってきたら、お風呂を洗うのも面倒臭いと思うようになりますから。

**和田：**そう。お風呂掃除が面倒だから、私も湯船に湯を張らず、ほとんどシャワーですませてしまう。結果、湯船に浸かる機会が減ってしまう。でも、ちゃんと湯に浸かると気持ちがいいですよね。

**中尾：**だから、そういう街づくりをもう一回考えたらいいなと思います。それならば、孤独にもならないでしょう。

**和田：**石川県なんて、どこを掘っても温泉が出るでしょうしね。それを売りにするのもいいですよね。日本は65歳以上の人口が29・1パーセント、全体の３割に達するほどの超高齢社会です。それだけの人口数なわけですから、高齢の人ほど我慢をするのではなく、きちんと主張しなければいけないなと思います。

運転免許にしても75歳くらいが免許返納のひとつの区切りのように言われて、わりと当たり前のようになっていますよね。実際には今なら75歳くらいだったら、まだ元気な人はたくさんいます。かつてのような3世代同居の家庭も減ってきていますから、お年寄りのイメージが湧かない人も多いのではないかなと思うんです。だいたい、どれくらいの年齢で衰えていくのか、実感がないし、また高齢の方たちが何に興味があって、どんなふうに過ごすことが楽しいのかもよくわからないのが実情でしょう。

Netflix や YouTube だって、まるで若者のもののように思われているけれども、テレビとネットをつないで、テレビ画面で見られるようにすれば、息子や孫だけでなく、おじいちゃんやおばあちゃんだってそちらのほうを見たりするわけです。だから、私たちが持っている世間一般のイメージと、実際のお年寄りはかなり違うのではないかとも思うのです。高齢者の実情を知らなさすぎるわけですね。

**中尾：**ええ。ですから、こうやって和田先生とお話をさせていただくにあたって、私はお年寄りの当事者ですから、声を上げたほうがいいなと思うのです。

**和田：**そうですよ、おっしゃるとおりです。どんな物事でも、当事者が声を上げるってことが大事です。女性問題にしても、LGBTQ問題にしてもそうですし、当事者が声を上げないことには、何に苦しんでいて、どんなことがつらいのか、よくわからなかったりするじゃないですか。

## 老人は反抗したほうが脳にいい！

**和田：** 現代日本では、子どもの頃から反抗する経験がないという人が多いのではないかなと思います。昔は学校の先生に反抗している子どもが多かった。けれども、今の子どもはとてもおとなしいですね。反抗すること自体がそもそも現状を否定し、新しいものを作ったり主張したりすることですから、かなり前頭葉を刺激することだと思います。

ましてや、年を取ってからもなお、反抗するというのは、私は前頭葉のためにはやったほうがいいと思いますね。変にもう年寄りだからとおとなしくなったりせずに、反抗していれば、やはり脳にいいことですし、若々しくいられるわけです。

もちろん、何でもかんでも噛みつけばいいということではありませんが、

「ちょっとこれは無理でしょう」と思うことには、我慢せずに反抗していいと思います。

**中尾**：そうは言っても、なかなか1人で行動に移すのは難しいですよね。

**和田**：おっしゃるとおりです。1人では難しいけれども、わけのわからない小さな政党が出てきて選挙妨害をしているくらいなら、「お年寄りの味方党」みたいなのをみんなで作って、「歩道にはベンチを置きましょう」「銭湯を中心にした街づくりをしましょう」なんてマニフェストに掲げるのはどうでしょう。廃業している街の銭湯も、おそらく補助金で500万〜1000万円くらいあれば、潰れずにすむんだと思うんですよね。

あるいはよく聞くのは書店の閉店が相次いでいることも同様です。その辺のまったく使わないハコモノを作るお金の100分の1くらいのお金を補助金として出せば、いろんなものが存続できると思いますよ。

**中尾**：本当に。補助金を出す先も考えてほしいですね。

# 60歳からは趣味を中心に年間のスケジュールを組む

## 趣味を持つことの重要さ

**和田：**日本ではそもそも論として、ここ30年の間に若者が急に貧しくなったことも一因なのかなと思うことがあります。バブル崩壊以降の経済の不況と停滞、格差の広がりですね。なかなかあり得ない時代だと思いますが、親子で見ると、親の世代はたくさんお金を使った経験があるのに、子どもの世代は「贅沢は敵」ではないけれども贅沢の経験がない。高度成長期やバブル経済の頃の経験は、今やとても批判的に見られているかもわかりませんが、あの楽しさだって、若い人に教えてあげたっていい気がしますね。

資本主義といっても、良い面もあれば悪い面もあると思います。いずれにしろ、注目したいのは、資本主義はいかにたくさんのお金を持っているかよりも、いかにお金を使っているかどうかによって、経済が回るということです。言い換えれば、お金を使う人のほうがお客様扱いされるわけですよね。だからお金の使い方を知らないまま、いい年になっている人を見ているととても不幸な気がしてしまう。

ここ30年で日本経済はデフレ化も伴って、質素倹約を是とするような状況が続いていますから、逆にお金を使わない人のモラルのほうが喜ばれるのかもしれませんが。

最近、私の本の読者で、東京大学に進学して起業し、まだ30代だけれども何十億も稼いでいる人にお会いしました。そういう人が着ている服はいつもユニクロで、「回転寿司で十分、うまいっすよ」なんて言っている。そんなにお金を稼いでいて、何に使うのかと訊けば、「次の投資ですよ」と言われたときには、そういうお金の使い方が現在の経済の流れになっているのならば、私は、そういうところから何か新しい「文化」が生まれてくる気がしないんですよね。それはもうおじさんの押し付けなのかもしれませんけれども、もう少し生活のなかに華やかさがあってもいいのではないかと思ってしまう。

**中尾**：華やかなのかどうかわかりませんが、私自身もこれまでいろんな趣味に手を出してきました。雑穀料理や水彩画、フラワーアレンジメント、俳句、書道と自分から進んで始めたこともあれば、友人がやるのについて行き、そのまま続いていることもあります。自分が知らないことにゼロから挑戦するのは、脳も身体も刺激されてとても楽しいですね。初めてやることだから下手だとすでにわかっていますし、できなくて当たり前ですから、少しでもうまくなれば、それがとても励みになります。自分にこんな才能があったのかという新しい発見にもなります。

もうこの年齢ですし、基本的に一年間のスケジュールは、まず遊ぶことをメインに考えています。年齢を重ねて融通が利くようになりましたから、仕事の話が後から来たとしても、無理に入れたりはしません。やはり人生は楽しむことが大事ですから。楽しむためには、一緒に遊ぶ友達もいなければならない。だから、今はとても楽しいです。

**和田：**もちろん金銭的な制約もあるでしょうけれども、定年後や引退後にはとにかく人生を楽しむことを第一義に置くべきだと私も思います。それが定年後・引退後の期間の一番のメリットのような気がしますね。

**中尾：**とくに男性は、ある程度、企業のトップにいたりした方は、定年になるとそれまでの人間関係もなくなり、逆に寂しい状態になってしまいます。なるべくそういう人たちを「いつまでも役に立っているよ」と思ってもらえるように誘うといいと思います。

**和田：**それはいい。素晴らしいじゃないですか。

**中尾：**私がいちばん年長になってしまっている女子会がひとつあって、平均50代くらいの集まりなんですけれども、定年や引退した男性陣も連れて、みんなで食事に行ったりしています。そういう集まりに参加しているとみなさん、とても元気になりますね。

**和田**：高齢者の方にとって、そういう新鮮な楽しみを覚えることはとても素晴らしいと思います。また年を取ってからは、女性が男性を誘う文化というのは、加齢に伴う男性ホルモンの分泌の変化からすれば、理に適(かな)っている。先述したように、男性ホルモンの分泌は年を取ってからは女性のほうが活発になるわけですから、女性が男性を元気にするほうが、効率がいいのではないかなと思うところもあります。

## 免許返納のタイミング

**和田**：日本人が意外に油断するのは、自動車の運転免許返納のタイミングですね。よく言われるのは、年を取ったら瞬発力も衰えて事故が増えるから自動車の免許は早期に返納しろということです。確かに歩行者を巻き込んだ事故はニュースに取り上げられて、センセーショナルに報道されることもあります。そのためか、つい頻繁にあることだと思いがちですが、実は統計的にほとんど根拠がないのです。年寄りの運転が特別に危ないというのは、自損事故が多いだけで、他人を巻き込んだ事故は決して多くはありません。

けれども薬の話の続きになりますが、やはり怖いのは服用する薬の種類が多いと、転倒のリスクが高まると同時に、意識が散漫になって一瞬、ぼーっとしてしまうことがあるのです。仮にそういう状態で車の運転をしていたらどうでしょうか。意識がふっとなくなったときに、目の前に子どもが飛び出したりしていたら、とっさに回避するなんてまず難しいでしょう。

実際、暴走事故といわれる事故の多くが、普段は安全運転の人が多い。服用する薬のせいでそういう結果になることがあるのです。ですから、運転免許の返納を考えるかどうかよりも、まずは薬のチェックをしたほうがよいかもしれません。

**中尾**：でも、事故は一瞬ですから。私自身、60代を前にして、50代に入ってからいろいろと習い事を始めたのですが、人の手を煩わせずに、好きなときに出かけるために免許を取ることにしました。ですから、普通の人よりかなり遅くに運転免許を取得しました。54歳のときですね。結局、都内しか運転しませんでしたし、やはり怖いという気持ちが先立ってしまって、運転はあまり好きにはなれませんでした。だから、昨年の末に運転を止めることにしました。

**和田**：おっしゃるとおり、事故は一瞬ですが、その一瞬のリスクを減らすことはできるわけです。服用する薬の種類が多ければ多いほど、意識が朦朧（もうろう）としたり、意識が飛んだりするリスクが高いわけですから、そのために薬のチェックが必要なのです。

第４章

Hideki Wada × Mie Nakao

# 60代からの人間関係は自分に素直に

# 60歳からの人付き合いは内にこもりすぎない

## なるべく外へと広げていく

**中尾**：60歳過ぎてから特別に心がけているわけではないけれども、人付き合いについては、なるべく内にこもらないようにはしています。私は若い頃から渡辺プロダクションという巨大な会社組織のなかに所属していましたが、ナベプロのなかでの仕事はなるべく避けて、外の仕事をさせてくれとずっと言っていました。内々だけでやっていると、どうしても上下関係が出てきますし、窮屈な部分も出てきます。だから、デビューの頃から、外の仕事を積極的にするようにしていました。

**和田：**なるほど。

**中尾：**それこそ、森繁劇団にも若い頃から出ていました。目上の方と積極的に交流していたので、森繁久彌さんにしろ、先代の尾上松緑さんにしろ、たくさん可愛がってもらい、いろんなことを教えてもらいました。だから私も知っている限りのことを、なるべく若い人に教えたいと思います。

**和田：**わりと誤解されやすいと思うけれども、きちんと面白いことを教えたら、若者も喜んでくれますよ。

**中尾：**そうなんですよ。

**和田：**押し付けがましい過去のくだらない自慢話はもちろんダメです。「俺は昔こんなに偉かったんだ」なんて言うから嫌われるだけの話で、ものの道理を教えている限りにおいては、まったく嫌われないと思うけどね。

**中尾：**昔は、森繁劇団なんて舞台をやると1カ月くらいあるんですが、三木のり平さんが「強要部」というのを作っていました。「教養」ではなくて、強く要求するの「強要」。劇団だからもちろんお芝居の稽古をするわけですが、のり平さんの強要部では「自分の似顔絵を描いてきなさい」と言われて、お芝居以外のことをたくさん教えてもらいました。

**和田：**のり平さん、絵がうまいですもんね。

**中尾：**そうそう。終わったら毎日のように舞台で車座になって酒盛りが始まったりしました。それは出演者だけでなくスタッフも囲んで飲みました。だから、舞台本番がいちばん大事というよりも、それ以外のコミュニケーションづくりのほうが大切だった。もう終電を逃して帰れなくなったら、昔は楽屋が畳敷きですから、みんなそこで雑魚寝(ざこね)して、また次の日お芝居をやる感じですよ。

**和田：**その話に引きつけて言うと、私もささやかながら映画の監督をして、監督協会に所属しているものだから、他の映画監督ともそれなりに付き合いがあります。今、映画監督はとても貧しい職業に変わってしまった。かつては映画を何本か監督すれば家が建つと言われるような職業で、それなりの報酬をもらっていたはずです。そうすると、その日の撮影が終わった後には、役者さんはじめスタッフを連れて、ご飯を食べさせたり、酒を飲ませたりしていたんですよね。そういうことがあったほうが、映画作品そのものにより生きるような気がしています。

これは勝手な思い込みかもしれませんが、役者が監督のことを好きなほうがいい映画になるような気がするんですよね。

**中尾**：それはそうですよね。

**和田**：私も幸か不幸か、たまたま他の仕事でお金を稼げているから、わりとそういうかたちで役者やスタッフと付き合うように努めていますが、今だとそういうことをするとパワハラだセクハラだと言われかねない。それでも上下関係ではなく、みんなと一緒に食事をしたり、お酒を酌み交わしたりしていたほうが、思いもよらないことを聞けたりもするから、やはりそういう文化や習慣は大切にしたほうがいいのではないかなと思います。

**中尾：**今、本当に会話をする機会がないですからね。スマホ片手にインターネットばかりでは面白くないでしょう。

**和田：**そうですよ。それだと前頭葉が弱ってしまう（笑）。

## 老人を囲い込みすぎない

**中尾：**お年寄りでも、その人がまだまだできることを十分に発揮できるような環境がもっとほしいですね。そうでないと、お年寄りも張り合いがなくなってしまう。

**和田：**ええ。もっと言うと、お年寄りに対する制約に、大した意味があるように思えないですよね。

**中尾：**そう。それはきっと、お世話をするほうの都合なのでしょうね。

**和田：**おっしゃるとおり。たとえば、お酒が飲める老人ホームや、ペットと一緒に暮らせる老人ホームも、なくはないのです。

**中尾：**そうですね。探せばあると思います。

**和田：**探すのがとても大変で、しかも入居費用も高い。私が精神科医になったのは40年も前のことですが、昔の精神病院は本当に制約だらけのところでした。夕バコは1日3本まで、お酒はもちろん禁止。夕食は夕方5時に食べさせられる。これでは良くなる病気も悪化するだけですよね。

**中尾：**そうですよね。いったん入ったら、出られない環境になっている。

**和田：**そうです。

**中尾：**老人ホームもそうですね。このあいだ、テレビで観たのですが、とても面白い介護施設が紹介されていました。週に何回か、夜になるとバーを開いて営業するのです。ホステスさんはいつもは介護をしている介護士さんたちで、きちんとお化粧をしてドレスに着替えて、接客していました。

入所しているお年寄りは、それが昼間の介護士さんだと思わないんですよ。新しいホステスさんだと思って、とても元気になってしまうというわけです。介護士さんたちも、自分がホステス役をしていることを楽しんでいる。手を握られたりもするけれども、普段からお年寄りの介護をしているからべつにいやではない。セクハラにはならないわけです。両者がとても楽しんでやっているから、これはいいわねと思いました。

**和田**：お年寄りが元気になるってそういうことですよね。薬では元気にならないのではないかと思いますね。一方で、お年寄りを元気にする方法がもっと出てきていいと思うのですが。テレビ番組ひとつとってみても深夜帯にお年寄り向けの番組があまりないわけですよね。昭和・平成・令和と続いてきて、お年寄り向けの娯楽を開発しようとしなかったテレビ局は、すごい怠慢だなと。

ただ、そういう番組を作れないことの理由のひとつに、スポンサーがつかないということもあるでしょう。事実、健康食品の会社とか高齢者向けの商品を展開しているようなところしか、お年寄り向けのテレビ番組のスポンサーにはつかないのでしょうけれども。しかし、高齢者でも実にその85パーセントは、「自立高齢者」と言って、介護も支援も必要ない人たちです。そういう元気なお年寄り向けのテレビ番組にしろ、音楽にしろ、リゾート地や街づくりにしろ、あまりに少なすぎる。結果、高齢者を制約する方向に流れてしまう。だから、もっとお年寄りが楽しく楽に生きることを手伝うようなビジネスが必要だと思うのです。

**中尾**：ことさら「年寄り」というカテゴリーで括(くく)ってしまって、「年寄り」を中心に考えようとすると、むしろ変化は進まない気がします。高齢者だけでなく、若い人たちも両方、一緒に楽しめることを考えないと盛り上がっていかないと思います。

**和田**：もちろんそうなんですけれども、たとえば自動車ひとつとっても、若い人たちはスピードが出て危ない車に乗りたがるじゃないですか。まあ、今の若い人はそうでもないかもしれませんが。けれども、年を取ってくると、もっと運転が楽で事故が少ない車のほうがいいと思うようになってくるでしょう。年齢で切るべきではないんですけれども、確かに年齢とともにニーズは変わってくる気がしますね。

**中尾**：そうですね。だから難しい。本当は何事もウィンウィンだといいのですが。お年寄りと若い人の関係がきちんとできればそれがいちばんいいと思います。どうも今は、お互いが分断されてしまっているような気がします。銭湯の話が出ましたけれども、それはお年寄りも若い人も関係なくみんなが利用できる場所だからですよね。

ニュージーランド・アメリカ合作の『はじまりはヒップホップ』という映画がありますけれども、平均年齢80歳は超えている女性たちが、アメリカのラスベガスで開かれるヒップホップ・ダンスの世界大会に出場することを目標に奮闘するお話です。劇中では、挑戦しているおばあちゃんたちを見て、若者たちも協力してくれるようになります。「かっこいいじゃん、おばあちゃんたち」みたいな感じで、そうやってお年寄りと若者がさまざまな経験と感動を共有する。そんなふうに双方向に交流ができるものを考えたほうがいいなと思います。

## 若い人を積極的に教育する

**和田**：中尾さんは中尾さんで、あっという間にスターになった、非常に珍しいタイプの人だと思います。もちろんご自身の才能もあると思いますけれども、お話を聞いていると、環境の良さというものもありますよね。よく、「頭が良くなるにはどうしたらよいですか」「賢くなるにはどうしたらよいですか」と訊かれることがありますが、それは賢い友人をたくさん持つことじゃないかなと思うんです。

**中尾**：そうやって手取り足取り教えてくれる先輩がいるのは本当に大きいですね。同年代で、和気藹々(わきあいあい)とやっていれば楽しいかもわかりませんが、何の身にもなりません。おこがましいけれども、私もとりあえず長生きはしているから、その分、多少の知識はある。それを若い人に教えてあげないといけないかなと思います。若い人はそもそも経験がないから、わからないだけです。それを教えてあげる努力はこちらがしないとダメですね。

**和田：**そうですね。若い人に教えて差し上げることは、とてもよいことだと思いますよ。東大の若い学生たちと話していても、彼らは結局、あらかじめ役に立つとわかっていることしか勉強しない。金の稼ぎ方や投資の仕方であれ、起業の仕方、上場の仕方であれ、役に立つことにしか興味がない。

けれども海外に目を向けてみると、たとえばフランスでは最も尊敬される職業は哲学者だそうですね。一般には役に立たないことを勉強している人間が尊敬されるらしい。インドでも、カースト制という大変な身分制度がある社会ですが、いちばん上の階層のバラモンという人たちは、いっさい金儲けはしないで、一日じゅう数学の問題を解いていたりする。そうすると、自分たちよりも下の階層の人がご飯を恵んでくれたりして、それで食べている。

**中尾：**お布施ですね。

**和田：**逆に金儲けなんかをしている階層の人はバカにされたりしているわけです

よね。そういう一見すると役に立たないことを勉強する人がいるから、世の中が発展していくような気が私なんかはするんです。

東大の同級生でも出世した奴のなかにはあまり面白い人間はいない。けれども1人、とても面白い人がいて、私もいつも教えてもらうことが多いのは、中田考というイスラーム学者です。発想が完全にイスラームですから、ありとあらゆる点で、「生きる」ということは束の間のことだと理解している。

イスラーム世界では死後の世界で酷いめに遭わないよう、みんなそのための功徳を現世で積んでいる。自分が生きている世界とは異なるそういう世界観を教わると、まったく違うものの見方ができますよね。

# 60代からどんどん恋愛をしていい

## 年を取っても恋愛をしていい

**和田**：中尾さんみたいにパートナーとうまくいっている人に言うべきことではないでしょうけれども、近年は熟年離婚が多いと取り沙汰されていますね。あるいは夫が定年退職したら、「夫源病(ふげんびょう)」ともいいますが、ぬれ落ち葉みたいな夫と一緒にいると気がめいってくる女性が増えているらしい。

結局、最初の結婚をして出産・子育てを経て、夫の面倒を見たりする時期を、大体30年と考えると、そこからさらに20～30年くらい人生の時間が残っているわけですよね。そのことを考えると、最初の結婚は子育てという共同作業のためだとして、子どもも自立し、夫も定年を迎えるくらいになったら、すっぱり終わりにする。年を取ったあとは、一緒に旅行に行って楽しいとか、フレンチに行って楽しいと思えるような、話の合う人にパートナーを変えるなんていうことがあってもいいとも思うんですよね。

**中尾**：だから私は結婚という形態はとらないんですよね。実際には生活自体は何も変わりはないけれども、結婚しないというだけで、お互いに自由でいられる。

**和田**：いまだに日本では先進的なように見えて、中高年以降で恋愛をすると「年甲斐もなく」とか「色が抜けない」とか言われたりするのは、良くないなと思いますね。子どもの頃、母親の従姉妹が2回離婚して、またパートナーを見つけてきた。そうしたら、うちの母親も「あの人は幾つになっても色狂いや」と非難していた。

思い起こしてみると、その母の従姉妹はまだ40を過ぎたくらいですよ。昔は40を過ぎて恋愛すると非難されるんだから、すごい時代ですよね。今から50年以上前の話です。

とはいえ、その頃はすでに大阪万博が開催されて、日本も先進国の仲間入りを果たしたような時代ですよ。それなのに40過ぎで恋愛したら親戚じゅうでボロクソに言われるなんて、やはりひどいと思う。

**中尾**：私も若い頃には、70歳を過ぎたら自分も友人もみんなよれよれになっていて、遊んでも楽しくないんじゃないかと思っていましたけれども、いざなってみたら、けっこう楽しいですよね。

**和田**：そういうふうにありたいと思うことが本当に大事ですよ。私も中尾さんのように70歳を過ぎても、「和田さんといると面白いね」「楽しいね」「気持ちが沸き立つね」なんて言われるような人間でありたいと思う。

**中尾**：デートをしていても楽しい。「デートしましょう」というお誘いもいただいたりすることもありますよ。昔なら、「同年代の人はちょっと……若い男の子ならいいけど」なんて思ったりもしたけれども、けっこう、同年代でも楽しい人がたくさんいて、うれしいなと思いますよね。

**和田：**そういう時代になってきたのだと思いますよ。遊び方が洗練されてきているし、子どもの頃からそこまで貧しい時代ではなかったわけですしね。

## 男女のあり方は人それぞれ

**中尾：**私は結婚はせずに、パートナーシップで生きてきました。だから結婚につきものの家同士の関係なんてまったく気にしません。私が関係を持っているのはパートナーその人だけですから。あるとき、パートナーから親族のお墓参りに付き合ってくれと言われたけれども、そもそも私は会ったこともない人のお墓でしたから、断りました。

**和田：**それはそうですよね。本来、そのパートナー同士が結ばれているだけの話ですから、余計な親類縁者は関係ない。でも日本は本当にいやになるくらい、そういう親類縁者の人たちがうるさい国だよね。

**中尾：**それがいちばん煩わしいから、いっさい、関わらなかったですね。もともと結婚という言葉自体にも拒否反応がありましたから。

**和田：**それだからパートナーとよく続いているのではないですか。

**中尾：**制約がない代わりにそうなのかもしれません。そこまでいったらもう人類愛、なんて言うと大げさですね。

**和田：**年を取れば取るほど、パートナーは一緒にいて幸せを味わうためにあるわけであって、逆に相手を縛り付けるためにあるわけではない気がしますけれどもね。そこは考え方を変えないと、うまく年は取れない。

**中尾：**私は端から結婚願望がなかったから、自分の人生としてはこれで良かったと思っています。

**和田**：言ったら悪いけれども、70代でも80代でもいいですが、社会的地位もなくなり、年金暮らしになって、自分で稼いでいるわけでもないのに、現役時代と同じように奥さんに対して威張っている人——現役時代にだって、奥さんに威張っていいわけがないけれども——こいつ、何を考えているんだと思いますよね。

**中尾**：いろんな人がとやかく言っていたのかもしれませんが、貫き通していれば、もうこの年になれば何も言われません。誰にも迷惑をかけなければ、本人が幸せだと思っていればそれでいいわけじゃないですか。

**和田**：本人が幸せだと思っていればそれでいいのに。日本に限ったことではないと思いますが、周囲からの制約や縛りが多い。年を取れば取るほど、そういう縛りを減らしたほうがいいですよ。会社にいればそれなりのルールがあるし、子育ての最中にはママ友的なルールがあったりして、そこはある程度、社会生活を送っているわけですから。我慢したとしても、もう60代以降はそういうことから解放される年齢ですしね。それなのに、親戚や子どもに縛られていたらたまったものではありません。

　私が若い頃に勤めていた浴風会病院は、今は自由に入院できますけれども、そもそもが身寄りのない老人が入る施設として始まりました。だから、入所者が亡くなると、基本的には解剖していたのです。我々が最後まで一生懸命面倒を見て、自分が生前に行った診断が本当に合っていたのか、解剖すれば答え合わせができるわけですよね。そのとき、初めてリアルな死因がわかる。

　そうした入所者・患者さんのご家族のなかでも、ずっと通われてそばで付き添ってこられた方たちは、我々がかいがいしく面倒を見てきたことを知っているから、亡くなった後に、本当の死因が知りたいから解剖させてほしいと頼んでも大概はOKしてくれます。ところが、生前にはまったく来たことがない子どもとかが突然やってきて、そういう人に限って「うちの親に傷をつけるな」と言って解剖に反対するんですよね。そんなに大事なら、生前にもっと会いに来てほしかった。

# 老年の孤独を否定しすぎる必要はない

## 老人の孤独を尊重する

**和田：**アンチエイジングや認知症予防として、なるべく新しい人と出会って、いろいろと刺激を受けるのがいい。そんな話をしてきましたが、他方で、今、独居老人の問題もある。一人暮らしの老人が心配だと世間は言いますし、孤独を寂しいものとしていやがる風潮もあるかもわかりませんが、人間、独りでいたい時だってありますよね。私が特別、孤独が好きなのかもわかりませんが、人と会いたいときは会いに出かけて、独りになりたいときは家でのんびり過ごせばいい。そうやって孤独を尊重しつつ、みんなで暮らせればいいですよね。それがごくごく自然なことだと思う。

**中尾**：そういう町づくりをしてくれればいいと思いますね。きちんとプライベートは確保できるようにして、その一方で、みんなが集まれるような場所が常にある。食堂でもいい、ダンスパーティーとかみんなが交流できる催しだっていい。そういう環境があれば、独りになりたいときは独りになれますし、また、孤独にはならないですみます。そういう町づくりというか、場所づくりができるといいですし、それぞれが自分の周りで、そういう環境をつくる実践をしてもらいたいですね。

**和田**：精神科医として１９９４年までアメリカに留学して、その後戻ってきて直後の１９９５年に阪神淡路大震災がありました。中学・高校と神戸だったこともあり、１年ほど毎週ボランティアに通っていたんです。震災の被害に遭われた人たちがそのつらさと悩みを共有して話し合うグループセラピーというものを行いました。会議室のようなところを借りて実施したのですが、ほとんど若い人しか来ないんです。本当に独りで外に出られないようなお年寄りがいるのならば、避難所でも仮設住宅でも、いくらでも出張するよと思いました。

当時、避難所にも仮設住宅にも、集会所を作らなかったんですよね。それぞれの住宅はあるけれども、結局、一人ひとり分断されてしまっていた。だから集会所や会議室があれば、そこに出張してグループセラピーでみんなの話を共有しながら、心のケアだってできたはずです。

その後、さんざん文句を言っていたら、阪神淡路大震災以降の震災の際には、避難所や仮設住宅を作るときに、集会所や会議室のようなものを作ってくれるようになりました。そういうのは、べつに被災地の仮設でなくても、普段から必要なんだと思いますよ。

## 元気だからこそ孤独になれる

**中尾**：テレビ番組の『ポツンと一軒家』なんかを観ていると、そういうところで住み暮らしている人はだいたい、高齢者です。なかには100歳を過ぎていても1人で暮らしている人がいる。そんな人はざらにいます。それでもそういう生活が楽しいとおっしゃっている。やっぱり、ああいうところに住んだほうが余計なストレスもないのかもしれないですね。

**和田**：実は人間って思っている以上に強いんですよね。みんな孤独ほどつらいものはないと言っているけれども、実はそうでもないんじゃないかなとも思います。

**中尾**：そうなんですよね。実は元気なんです。本人は実は孤独だとは思っていないのかもしれない。

**和田**：だから、考えようじゃないかなと思いますね。きっとなかには孤独だと思っている人もいると思いますよ。また、孤独とも思ってなくて、それが当たり前で制約もないと思って生きている人もいるでしょう。それは人それぞれだと思いますけれども、「孤独死」という言葉を目にしますよね。

何をもって孤独死というかと言うと、定義の種類にもよるけれども、「2週間毎程度に見守る者がいない、独居又は高齢者のみ世帯の高齢者の死」（新宿区高齢者保健福祉推進協議会）という定義をもとに考えると、2週間、誰も見守る人がいなくて発見されない孤独死は、今の時代、難しいんですよね。その人が身体のどこかが悪かったり、認知症だったりすると、要介護・要支援認定を受けている場合も多いから、結局、ヘルパーさんが定期的に訪ねてくるでしょう。2日に1回ヘルパーさんが来るとなると、亡くなって2日目には発見されるわけですよね。2週間以上見守る人がいないとなると、いわゆるピンピンコロリでずっと元気だったのに突然死してしまったケースですね。あとは、悲しいけれども自殺をしたケース。

中尾：なるほど。誰にも見つけられなかったということは、むしろ元気に過ごしていたということになるわけですね。その発想は面白い。

和田：そうですよ。自殺も含めて、基本的にはもともと身体は元気だったわけですよね。

## 年を取ったら、周りに頼ることを覚えてもいい

中尾：私ね、最近、やっと料理をするようになりました。

和田：素晴らしいですね。

中尾：今までは誰かがやってくれていましたからする必要がなかったのです。でもそういう人たちもみんな年を取ってきてしまって、やむなく自分で料理をするようになったら、「なんだ私、料理もできるじゃん」と思いました。1人になってもきっと大丈夫だな、と最近は思えるようになりました。自分でいろんなことが

できると、強くなれますよね。

料理初心者だから、初歩的なことすらわからない。だから、ご近所さんたちになんでも聞くのです。「どうやって作ったらいいの？」と聞けば、向こうは喜んで教えてくれます。

**和田**：ここが大事なところですよ。日本人は誰かに助けを求めたり、頼ったりすることは悪いことだと思っていますが、人から頼られるというのは意外に気分がいいものですよ。そこは知っておいたほうがいい。関西弁で言うなら、最後の最後に泣きついてきたときには、「おまえ、水くさいやっちゃな」と言いますよね。

要するに他人行儀だということです。もっと前から頼ってくれればいいのに、ってことですよね。実は年を取れば取るほど、いろんな人に厚かましく頼れるようになる。そこが年を取ることの特権ですよね。

**中尾**：世話焼きな人はどこでも必ずいますからね。私が料理をできないのがよくわかっていて、時々、お惣菜を作ってきてくれる人がいます。私も厚かましく「ありがとう」と言ってもらってしまいます。こないだもうちに来たから、「どうしたの？　何か持ってきてくれたの？」なんて言ったら、「何も持ってこないわよ」なんて言われました。

**和田：**そこで新しい出会いもあるわけですよね。やっぱり中尾さんは外向的ですね。

# 第5章

Hideki Wada × Mie Nakao

# 60代からのお金事情

# 60代から考えたい財産管理の心得

## 年を取ってからは気前よくお金を使う

**和田**：日本の男性も、ヨーロッパやアメリカ的というわけではないけれども、もっとチャリティとか寄付を趣味にするというのもいいんじゃないでしょうか。

若い頃はとにかく仕事を頑張って思い切り稼いでおく。そして、老後はゆっくり旅行をして、現役の頃は忙しくて回れなかったところに行ってみる。たとえば、その旅先で、「この学校の子どもたちはこんなことで不便しているのか」「この公園をちゃんと整備すれば地域の人にとってよい憩いの場になるかもしれない」なんて、気づきがあればそのつど、寄付をしてもいい。諸国漫遊して弱きを助けた水戸黄門ではないけれども、そういう気風のいいお年寄りが増えてくれるといいなとも思います。

**中尾：**日本人は全般的にケチですからね。チャリティや寄付をしても「売名行為だ」と言われたりするように、悪意を持って受け取る人も多いですね。

**和田：**残念ながら少子化の影響も含めて、社会が縮小傾向にあるから、どうしてもそうなりますよね。

## 財産で遺すよりも何をしたかを示す

**和田：**都心だけでなく、地方で大きな問題となっているのは空き家問題ですね。この少子化の時代、実は子どもに財産や家を遺すという発想自体が、あまり意味がなくなってきている。今のようにみんなが長生きするのが当然になってきている時代ですと、自分が亡くなるときには子どもはもう60代くらいになっている。同居しているならばいざ知らず、独立して他に自宅を持っている人も多いわけですから、実家を遺されても始末に困るケースが増えています。

中途半端なお金が遺っても遺産相続で子どもたちが揉(も)めたり、あるいはお金は残らなかったとしてもたまたま家が残ってしまったりしたら、空き家になりかねないわけですよね。

家屋というのは、実は面白い使い方ができると思うんです。老人が幼い子どもを看る学童保育園を作ってもいい。あるいは普通の老人ホームでは適用できないような人、たとえばお酒も適度に飲みたい、食べたいものを食べたいというような入居者用の老人ホームとして、シェアハウスみたいにしてもいい。空き家問題の対策は、やろうと思えばいくらでも活用法はあるように思います。

そういう形で遺していくというのは、立派な財産の使い方だなと思いますね。

また、そうして遺していく財産は、今言ったような有形の財産でなくてもいい。無形の財産だっていっぱいあるはずです。たとえば、だいぶ足腰が弱ってきたけれども、料理だけは上手なおばあちゃんが教えるお袋の味なんて、立派な無形財産ですよね。そういう人が料理講座をやるだけでも、お互いに楽しくていいのではないかなと思います。

**中尾**：本当にそう思います。まさにそういうことを私もやりたいんです。でもなかなか個人では難しいし、旗を振る人がいないといけない。

**和田**：中尾さんみたいに知名度のある人こそ、旗振り役に向いているような気がしますね。

**中尾**：ええ、自分にできることはやりたいなと常日頃思っています。今、私も自宅がありますし、それをどうしたらいいか、そろそろきちんと考えないといけません。もう時間はあまりないなとも思います。私の場合は子どももいませんから、自宅を抵当に入れる代わりに融資を受けるなりして、何かやりたいことをやろうかな、などと考えています。

**和田：**そうですね。そこはうまくお金を借りて。

**中尾：**自宅を抵当に入れてしまえば、逆に後で、残った兄弟とも揉めずにすみますでしょう。

**和田：**そうですね。

**中尾：**借金の抵当にしておけば、後は誰が継ぐかなんて考える必要もないわけですから、それがいちばん平和的な解決策かなと。

**和田：**本当に。何か物やお金を財産として遺すよりも、何をやったかを示すほうがいいですよね。

## 自分が築いた財産は遺さず自分で使いきる

**和田：**また、親が子どもに財産を遺さなきゃいけないというのもナンセンスな考え方ですね。昔と何が違うかと言えば、先にも述べたように、親が亡くなる頃には、子どもはもう60代でしょう。家のローンは返し終わって、子どもの教育も終えているような人に、なんでお金を遺さないといけないのかと思いますよ。

**中尾**：自分は自分で稼いでここまで来たのですものね。

**和田**：私の知人で、女性なんですがお金持ちで、20歳くらい若い男性と再婚したんです。それで、息子がもらえるはずだった財産がもらえなくなったとトラブルになったそうです。いずれにしても、私はその女性のほうが立派だと思います。

男性でも女性でもどちらでもいいけれども、再婚しようとすると子どもが反対するんですよね。なぜかというと財産が減るから。その財産だって、自分が一生懸命働いて築いたものですよね。それなのに自分が幸せになるのをその財産のために邪魔されるわけですよ。私が見る限り、子どもに反対されて再婚を諦める人が多いですね。

**中尾**：結婚という形態もこれからは変わってくると思います。

**和田**：パートナーシップでももちろんいいと思いますよ。でも、財産は子どもに遺すよりも、自分の最愛のパートナーに遺したいと思うのではないでしょうか。

**中尾**：私はどちらも思いません。もう自分で使い果たします。

**和田**：おお、素晴らしいですね（笑）。自分が昭和な人間だなと思うのは、やっぱり男女で食事をしていたら、男性が会計は払うもんだと思い込んでいるところですね。甲斐性なしかもわからないけれども、もし私が再婚するとすれば、再婚相手には最期まで面倒を見てもらうわけですから、何かしら遺すと思うんですよね。

**中尾**：もしかしたら、そこが男女の違いかもしれませんね。外国ではどうなのでしょうか。

**和田**：詳しくはわかりませんが、自分の財産と相手の財産はきっちり分けていると思いますよ。基本的に離婚すれば半分は持っていかれるわけですから。でも逆に、半分支払う気があるならば、愛情がなくなればいつでも離婚できるわけですよね。

**中尾：**外国だと、デートの際には男性が全部、支払うのでしょう？

**和田：**払うお国柄もあれば、払わないお国柄もあるんじゃないでしょうか。いずれにしろ、男女は明らかに違うのに、まるで違いがないように扱うのもどうかとも思いますね。昨今の風潮として。

**中尾：**そうですね。どこまでいっても男女は一緒にならない。

**和田：**違うからこそいいんだと思うんです。いくつになっても異性といると、やはりときめくわけですよ。もちろん同性愛の方もいらっしゃるからなんとも言えませんが、異性愛の場合は、やはり異性がいるからときめくし、そこが異性と付き合う良さでもある。

**中尾：**そうでないと意味がないですよね。

**和田：**もちろん、子どもを産むためだけに男女が存在するわけではないと思う。やはり異性がいるから「もう少し若くいたい」「もうちょっと頑張ろう」とか「かっこつけよう」とか思えるのではないでしょうか。

私は男子校出身でしたからよくわかるんですが、服装も自由な学校で、夏の暑いときなんかはみんなほとんど裸で授業受けたりしているわけですよ。それに加えて、下品な話ばかりして。これが共学だったらそうはいかないだろうなと思いますよ。

# 60歳から意識したいお金の使い道

## 遊びに投資する

**和田：**中尾さんがデビューされた時代は、ある意味、日本に勢いがあって、華やかな頃だったと思うんですが、いかがでしょうか。

**中尾：**私の人生はちょうど、戦後史とイコールです。戦後すぐに生まれていますから、戦争の直後のことはよくわかりませんが、戦後の歴史のほとんどを経験しています。だいたいが上り調子の頃ですから、今、振り返っても楽しい時代でした。

**和田：**そうだと思います。実は意外に大事なことで、もはや戦争を伝える世代もほとんどいなくなっている。そうした戦前・戦中の世代と比べて、その後の、中尾さんのような戦後の世代が伝える歴史はやはり趣が異なると思うんですよね。

たとえば、「日本はこんなふうに豊かになってきたのよ」「こんな楽しい文化があったのよ」という話になるのではないでしょうか。戦後はやはりテレビが始まったことが大きいですよね。エンターテインメントの業界が本当に発展した時代です。青島幸男さんであれ永六輔さんであれ、いわゆる放送作家のはしりみたいな人が出てくるとか、『シャボン玉ホリデー』とかバラエティが始まるとか、そうした物事の始まりがいちばん、面白い。

とにかくいろんなことが発明されて、始まった時代なんだなと思います。逆に小さい頃からすでにそうしたエンタメに触れている世代から優秀なクリエイターが出てくるかというと、意外とそうでもないんですよね。漫画で育った人がすごい漫画家になるかというと実はそうでもない。ゲームクリエイターの世界も今、そうなりつつあって、ゲームを毎日やって育った人たちがすごいクリエイターになるかというと、どうやらそうでもないらしい。

**中尾：**今と違うのは、昔は男性だったら、お座敷遊びをするような旦那衆なんかは、遊ぶためにお稽古事に行ったわけです。自分で勉強して、習い事をする。当然そのためにお金をかける。それを芸者衆に披露して楽しむわけですけれども、そのためにお金をかけて、知識や芸を身につけて遊んでいる。それは究極の贅沢ではないですか。

**和田：**そうですよね。

**中尾：**それからしばらくして、日本が全体的に豊かになってくると、自分で遊ぶのではなく、遊ばせてくれるところに、お金を払って行くだけになってしまったのかなと思います。「お金を払っているんだから、楽しいことを与えてくれ」というような風潮になってしまった。もうその頃から、エンターテインメントの世界もダメになってきているのではないかと思うのですが。

**和田**：まさにそのとおりだと思います。「粋」な人になりたいというのが人々の遊びの醍醐味だったわけですよね。それは江戸・東京でも京都でも同じだと思いますが、たとえば、昭和30～40年代初頭にかけての新橋の芸者さんたちは、「芸は売るけれども、体は売らぬ」という気概がある人たちだった。きちんと芸事を勉強しないと相手にされないような場所だったのですが、高度経済成長とバブル経済の頃にはそれが銀座に取って代わられるわけですよね。初期の銀座は芸者から銀座のホステスになる人が多く、みんな勉強家で教養のレベルも高かった。それが、次第に銀座のキャバクラ化が始まって、ルックス重視になってきてしまう。だから、遊びの質ひとつとってみてもかなり違う。

**中尾**：違いますよね。昔は教養に裏打ちされていた遊びでしたものね。

**和田**：遊び人には確かに「助平」なところもあるけれども、自分も一生懸命、芸事を習っていたわけですよね。それが粋でカッコよかった。

**中尾**：芸事だけでなく、ファッションにも精通しているとか、車に詳しかったり、海外に詳しかったりと、何かに精通している人が多かった。

少し話は変わるかもしれませんが、たとえばハナ肇（はじめ）さんたちのクレージーキャッツにしろ、いかりや長介さんたちのザ・ドリフターズにしろ、いわゆるお笑いのバンドであっても、ちゃんとバンドとしての技術がありましたよね。

**和田**：おっしゃるとおりです。演奏の土台がしっかりしていた。

**中尾**：その上で、コミックバンドとして世に受け入れられたわけですが、ちゃんと音楽の素養があるから、ヒット曲もたくさんあります。たまたまヒットしたわけではないでしょう。クレージーキャッツもドリフターズも、何曲もヒット曲があります。

一発屋ではないというのは、そうした音楽の技術や知識に裏打ちされた教養があるから。それがしっかりしているから、世間にも受け入れられていた。でも、だんだんとそういう風潮がなくなってきているのかなと感じることもあります。

## 教養あるお金の遣い方を心がける

**和田**：今、若い財界人やＩＴ系の起業家で上場して儲けている人間たちを見ていると、あるだけの時間をすべてお金儲けに遣っている。お金儲けをするためにお金儲けをしているみたいに、あるだけのお金をすべて投資に遣っている。それはお金があるのに遣わないのとあまり変わりません。

昔は、社長や経営者になるとむしろ暇になっていた。いやな言い方かもわかりませんが、上場企業の社長になれば、逆に時間ができて、趣味人として生きたり、遊び人として生きたりする余裕があったわけですよね。昔の社長はそれがあったから、ある意味では粋だった。

けれども、今の経営者のように24時間仕事というようになると、そういう余裕も遊びもないわけですよね。おそらく芸能の世界でも、ある時期からまったく休みを与えないで、稼げるうちに稼がせるというようになってしまった気がします。若手芸人なんかを見るととくにそうですよね。少し名が売れると、とにかくこれでもかと営業を入れられて、休みがないことが自慢のようになってしまう。

けれども、その人の芸を磨くことを考えるならば、あるいはもっと新しいものを生み出したり、人生を充実させたりすることを考えるならば、人間というのは仕事以外のことをする余裕も意外と大事なのではないかと思います。

私なんかは長い間、医者をやりながら、医学以外のこともたくさんやってきたから、「医者の中のクズ」みたいに言われることもありましたけれども、それでも、精神科医はなるべくいろんなことを知っていたほうが都合がいい。だから、いろんなことを勉強して、遊んで、吸収することが大事だなと思いますね。

**中尾**：そうですね。今、振り返ってみると、昔の喜劇役者はみんなそうでしたよ。森繁久彌さんにしても、三木のり平さんにしても、とても博学でしたから。一緒に仕事をして、本当に勉強になりました。いまだにそのときに教えてもらったことが残っていますよ。若い頃にそういう大先輩と仕事をして、芸能界はなんていいところなんだろうと思いました。下手に花嫁修業をするよりもいろんなことを教えてくれましたから。学校には行ってないから一般的な教養が身についているとは言い難いけれども、そういう余裕と教養があった頃の芸能界に入って本当によかったなと今でも思うことはあります。

**和田：**やはりお金はそういう教養を得て、遊ぶことに使いたいですよね。年を取ったらとくにそうです。若い頃のようにあくせく働く必要もないんだから、体力のあるうちに、なるべくやれる楽しみを増やしたいですよね。

## 60代だってまだまだお金を稼いでいい

**和田：**どうしてこんなに高齢者問題で後手に回るのだろうと思いますね。かつては待機児童が何万人もいたのに、今では2000人くらいにまで減らすことができたわけですよね。けれども、特別養護老人ホームに入所するのを待っている人は、いまだ多いままです。高齢者問題の改善に関しては本当に対応が遅いと思う。

**中尾**：今、ちょっとふと考えたのですが、お年寄りだからといって、みんながみんなまったく動けないわけではないと思います。だから、動けるようなお年寄りはもっと積極的に働けばいい。それは若い頃の労働とはもちろん違いますけれども、ある種の生きがいとして、何か働くことを見つけられるといいのではないでしょうか。

**和田**：おっしゃるとおりです。本当にお金のためじゃなくていいと思いますよ。今、高齢者がだいたい3600万人くらいいるけれども、そのなかで介護・支援が必要で自立できない高齢者は、全体の15パーセントです。それ以外の85パーセントは自分で生活ができる、動ける高齢者なわけですよね。その人たちが頭も身体も積極的に使って働いていたほうが、その後も要介護・要支援になる確率が低くなるとも思うんです。ずっと元気でいられるように、何かしらのかたちで動き続けてもらえたらいいなと思う。

**中尾：**子育ても夫の世話もひと段落した女性だったり、自分の仕事がひと段落した女性が、60歳以降に生き生きと生きるには、やはりやりたいことをやり続けることだと思います。けれども、そういう場がない。もしくは本当に少ない。

**和田：**ええ。そういう場所がきちんと整備されていないということは、これだけ高齢者がたくさんいるのに、世間の人々の頭から高齢者の問題が抜けてしまって、後回しにされている。

**中尾：**学生の一人暮らしとかあるでしょう。毎日の食事は自分で作らないといけない。学生も忙しいでしょうし、だったら浅知恵かもしれないけれども、60歳を過ぎて時間のある人たちが、学生のための食堂をやってくれればそれは両方にとっていいことではないでしょうか。年を取って何も能がないと嘆いているおばちゃんもいるけれども、プロでなくていい、普通の家庭料理を作れるだけで、それはもう十分な才能ですよ。

**和田**：今、人手不足が問題になっていますよね。また、外食業界では最もコストがかかるのが人件費ですから、そういう人たちが給料は安めでボランティア的にやってくれるならば、安くて種類の多い食べ物屋を作れると思いますよ。

**中尾**：行政なんかにも協力してもらって、そういう食堂のための建物を安く提供するとかできれば、不可能ではないと思います。

**和田**：先日、たまたま新宿で花園神社か何かの祭りを見たのですが、昔からこの辺りに住まれている方々で、お年寄りが多いのですが、みんな法被（はっぴ）を着て、本当にすごいパワーでした。お年寄りだからって動けないわけではないし、力が有り余っている感じがしました。

**中尾**：そういう労働力をとても無駄にしている気がしますね。

**和田**：少なくとも今の60代の人は完全に働く能力がありますから。

**中尾**：ありますよ。70代後半の私がそう思うんだから、60歳からの女性、男性に限らず、頑張れると思います。そういう場所さえあれば。要するに働きたい人はいくらでもいる。60代以降はもうお金が一番の目的というわけでもないでしょうから。老後2000万円問題というのもありますけれども、それならなおのこと、60代以降も働いてお金を稼げばいい。

**和田**：ええ。老後2000万円問題、今は円安や物価高騰もあって老後4000万円問題ともいわれますが、60代以降は月10万円稼げればいいと思いますよ。年金もあるわけですから、月10万円でいろいろ働ければいい。年金があって、あと10万円分、働いて収入があれば、そこそこ楽しめる。10万で200カ月働ければ、2000万円は達成できますよね。

# 第6章

Hideki Wada × Mie Nakao

# 60代に入ったら考えておきたい「死」の問題

# 死ぬことを意識すれば残りの生が充実する

## 死ぬことを考えるからこそ生きられる

**中尾**：これは日本人特有の問題なのかどうかはわかりませんが、「死」の話題を避ける傾向にありますね。自分が死ぬことを考えてもみないですし、「死」を語るのをタブー視することが多い。でも、死ぬことは絶対的に避けられないことだから、きちんと向き合ったほうがいい。私が60代からいろんなことに手を出すようになったのも、自分の「死」というゴールが間近に見えてきたからこそだと思います。だから、60代だからというわけではないけれども、そのゴールに向かうまでに自分がどう生きたいのかを常に考えて行動したほうがいいし、そういう話をたくさんしたほうが参考やお手本にもなっていいのではないでしょうか。

**和田**：おっしゃるとおりですね。

**中尾**：ゴールが見えれば、そのときまでに自分がやりたいことを見つけようと思えますし、その間際になったときにでも、「いよいよそのときが来たのね」と、自分のなかで納得がいくと思います。みんな、その話題を避けたがるのはちょっとおかしいのではないでしょうか。

**和田**：私の知り合いの医者は、がんの専門医なんですが、「がんで死ぬのはいいことなんだよ」と言います。なぜかというと、心筋梗塞なんかの場合には、ピンピンコロリで、長患いせずにある日、突然に亡くなるわけですよね。すると、自分の死に対して、なんの準備もできない。けれどもこれががんだとすると、多くの場合は今日明日ですぐに亡くなるというわけではないですから、余命期間が多少はあるわけです。仮に2年だとしたら、それまでにやりたいことをやっておこうと思える。残りの人生でうまいものをできるだけ食べようとか、今まで行きたかったけれども行けなかったところに行ってみようとか、余生の過ごし方を考えることができる。血圧を下げろと言われても、どうせあと2年で死ぬんだから、まあ、いいかと思えるかもしれない。

人間はいずれ死ぬ。だからこそ、むしろ生きることを充実させることが大事なんだと思います。けれども、今の医療はそれとは真逆ですね。年を取れば取るほど、「甘いものは食べちゃいけない」「味の濃いものは食べちゃいけない」と、充実した生を制限して、ただ単に死を遠ざけ、延命させることしか考えない。まるでそれが、人間の「健康」だと考えているみたいです。私はなるべくその制約を受けないように心がけています。

ただ、私は「取引」と考えているのですが、心不全のために、普段から利尿剤を飲んでいます。そのせいで頻尿になってしまって、多少、日々の生活に支障は出てくるのですが、おかげで、少し歩くと息切れがするというような心不全特有の症状が、嘘のように消えました。だから、悪魔に魂を売るべきではないけれども、たとえトイレが近くなるのを我慢してでも、その薬は飲んでおこうと思える。

たとえば、頭痛がひどいときに、その薬を飲んで楽になるなら、ちゃんと服用する。逆に薬を飲んでもふらふらになってかえってしんどくなるのを我慢してまで飲むということはしない。それが私の薬を飲む基準になっていますね。

## いつだって、やるなら今すぐ

**中尾**：本当に、残りの人生のほうが明らかに少ないわけですから、やりたいことも急いでやらなきゃと思いますね。だからもっと言えば、60代以降は、もう、やりたいことを先延ばしにはできない。

**和田**：そうです。年齢の限界だけでなく、体力の限界もある。さまざまなリミットがあるわけですよね。一度でいいから富士山の山頂を見たいとか、エベレストに行ってみたいとか、何でもいいですが、そういうのは残念ながら死ぬよりもずっと前に定年が来てしまう。だから、やりたいことは本当に今、やったほうがいいですよ。

**中尾**：私も常々、そう思っています。平均寿命は延びて、人生100年時代、人生120年時代なんて言われるようになりましたけれども、意識的に気をつけていなければ、老化のスピードはあっというまですよね。気がつくと、何かしたいという気力も消えて、外に出る体力もなくなってしまう。新しい明日を過ごすことはおろか、昨日と同じ今日を過ごすことすらできなくなってしまう。「いつか」「そのうち」は禁句ですね。

**和田**：私は今、64歳ですが、それが若いかどうかは別として、やはり心不全という持病があるので、いつまで元気に身体を動かせるかわかりません。このあいだ、四国で講演会があった際に、会場までレンタカーで移動していたら、途中に金比羅様がありました。参道はすごい階段になっていました。予定を変更して、駐車場に車を停めて登ることにしたんです。なぜかというと、次に来たときには、その参道を登りきる自信が持てなかったからです。

今、元気なうちでないとこれだけのものは食べられないとか、今じゃなきゃ、お酒も美味しく飲めないとか、「今」だからこそできることってたくさんありますよね。私も最後に1回、ポルシェに乗りたいと思うのですが、いつまでちゃんと運転ができるかなと考えることはもちろんあります。モナコの映画祭に行くと、80代くらいの男性がカッコよくフェラーリを乗りこなして降りてくるのを見かけたりしました。車ならその年齢で、まだ運転できるだろうかとか、思うようになりますね。

余談ですが、クリント・イーストウッドが監督・主演を務めた『運び屋』という映画がありますでしょう。90歳の高齢ドライバーが主役ですが、年を取れば取るほど、運転は安全になるとアメリカ人は信じているかのようですよね。

**中尾：**アメリカは個人主義で、自分の都合を優先することが多いですよね。

**和田：**ええ。でも、日本人はアメリカ人の我がままなところを、もう少し、見習うべきかなと思うことがありますね。とくに年を取ったら、残りの時間も限られているのだし、なるべく自分のことを優先して、もっと我がままにならないといけない。

**中尾**：一概には言えませんけれども、老人ホームにしろ、世間一般の常識にしろ、あまりにも縛りが多すぎるように感じます。

**和田**：おっしゃるとおりです。多いですよね。

## 最後まで食べたいものを食べる

**中尾**：「老人ホーム」という呼び名もどうかと思います。あとは「介護施設」。「施設」という呼び方もよくない気がします。またそのあり方にも少し疑問を感じることがあります。たとえば、高級と呼ばれる「老人ホーム」や「施設」の場合、入所者は基本的に何もしなくてよくなるわけです。お金を出せば出すほど、朝から晩まで三食きっちり、一流シェフが提供してくれますし、「みなさんは何もしないで、ゆっくり過ごしてください」と言われている感じがする。私は「何もしない」というのが、実はいちばん苦痛です。

**和田**：そうなりますよね。私も母親に介護付きの有料老人ホームに入ってもらっています。うちの場合、そんなにお金がないから一流の施設というわけにはいきませんが、世間的に見ると並の上くらいでしょうか。私の母親は今、94歳なのですが、自分で食事をとれなくなってしまい、脱水症状が出たので一度、入院したのです。そこでは「おそらく急性胃炎でしょう」と診断されて、ろくにリハビリもしてもらえず、帰らされてしまった。そのあいだに自分で歩くこともできなくなってしまったので、しょうがないから老人ホームを手配したのです。病院からの申し送りだからなのか知りませんが、老人ホームで母親はずっとお粥で、おかずはきざみ食です。そんな食事だと食べた気がしませんから、私も抗議したんです。「喉につかえて、仮に亡くなったとしても、うちは訴えたりしないですから、とにかく母親が食べたいと思うものを食べさせてください」って。その施設は週に1回、言語療法士が来てくれるらしく、物を飲み込む機能に問題ないかどうか判断してもらって大丈夫なら、普通の食事に戻すと言ってくれました。

結局、高いお金を払っても、食べるものが美味しくないというところも多いと聞きます。それはたとえ一流のシェフが食事を作っていたとしても、塩分を控えめにするとか指導があるみたいですね。だからそんなに美味しくない。でも、多少、身体に悪くても、最後なんだから食べたい物を食べさせてよ、と思ってしまう。

**中尾**：そうですね。

**和田**：もしものことが起こったら大変だから、というように安全第一主義で、リスクヘッジの観点からしか見ていないから、現実に生きている人の意欲を否定してしまうんですよね。美味しいものを食べたいなら、食べればいいと思うんです。身体を動かしたければ動かせばいい。結局、年を取れば取るほど、転びやすくもなれば、嚥下機能が低下して喉に物を詰まらせて窒息することが増えてくるんです。たとえば、毎年、万単位の人が誤嚥のために亡くなっていますね。お正月なんてとくにそのリスクが高くなります。日本の習慣で餅を食べますから。けれども、「窒息するといけないからお正月はお餅を食べるのは控えましょう」なんて、やっぱり人生のクオリティとしてどうなのかと思います。

もちろん、本当に物が飲み込めなくてどうしようもないという場合は別です。けれども、普通に食べることができる人が、運悪く餅を食べて誤嚥で亡くなったからって、私はそれはそれで天命なんじゃないかと思うんですよね。

## お墓は考えず、後の人にお任せ

**中尾**：自分が亡くなった後のことを考えて、お墓を建てるかどうするか、だんだんと視野に入ってくるのも60代以降のことです。けれども、私はお墓はいらないと思っています。子どももいませんし、後の人に迷惑をかけたくもない。

**和田：**迷惑かどうかはわかりませんが、自分の墓を作ったからといって、2代先、3代先まで墓参りに来てもらえると思うところが甘いかな。

**中尾：**今のお葬式やお墓のシステムだと、お寺で戒名をもらうのになんであんなに高いお金を払わなければならないのか、この字を入れるとさらに高くなるのかとか、どう考えても納得がいきません。名前なんてなんでもいいと思いますし、死んでからなんで名前を変えられるのかもよくわかりません。

**和田：**死んでからのことなんて誰にもわからないですよ。中尾さんなら亡くなった後も、慕ってくれる人が多いと思いますけれども、私の理想も墓はいらない。散骨で十分だけれども、もし運よく後の世の人が、和田はいいことを言っていたなということで、吉田松陰みたいに墓がなかったのに後々の人がお墓を作ってくれたりする。それならいいかな、と。

**中尾：**ええ。迷惑でなければ。それならいいですね。

**和田：**墓なんてそういうものだと思うんですよね。わざわざ自分で作って、子どもたちに毎年墓参りしろなんて、ふざけていると思うじゃないですか。ましてや家の近くに墓を持って、そこに後の人を縛り続ける。そういう変な義務感もどうかと思う。介護はしたい人がすればいいと思いますけれども、それだって義務ではない。墓だって義務ではないですよ。産んだ以上は親が子どもを育てる義務があるだけで、その逆はないでしょう。

**中尾：**昔、丹波哲郎さんがおっしゃっていたけれども、子どもはお母さんのお腹を借りて出てきただけだと。だから一生涯、親に恩を感じる必要はないそうです。私はこの話にすごく納得がいきます。もちろん育ててくれた恩はありますけれども、それを恩着せがましく、子どもにもたれかかるのはどうかと思います。

# どうせ人は死ぬのだからと突き放せば楽に生きられる

## 葬式こそ笑顔でお別れしたい

**和田：**最近よく目にするのは「終活」という言葉ですね。私はどうも終活は好きではないし、「こういう生き方をしたい」「こういう死に方をしたい」と理想を言うのはいいけれども、それを人に押し付けてはダメかなと思っていますね。

**中尾：**そうですね。

**和田：**また60歳を過ぎると、自分の死だけでなくて、親の死にしろ、親しい友人の死にしろ、さまざまな死に直面する機会がぐっと増えてくると思います。ある芸能プロダクションの社長が、親友を亡くされて、その後、うつになってしまって、最後はパーキンソン病にもなってしまった。仕事もうまくいっていて、お金もあるし、子どもたちもとても優しい人たちだったから、元気づけるためにいろんなところに連れ出すのだけれども、やっぱりその親友が心の支えだったんだろうね。なかなか代わりが難しかったんです。心を許せる友人が少なかったのだろうと思います。

**中尾**：私もこの年齢ですから、次から次へと周りの人が先にいなくなってしまっているけれども、そこまではありませんね。

**和田**：中尾さんは、外向的ですよね。

**中尾**：私の母親は最期は自殺で、私が発見者だったのです。母が69歳のときです。それですぐにうちでお葬式をやったのですが、笑って見送ろうと思いました。そうしなければ彼女の人生がすべて無しになってしまうと思いました。近所の人もたくさん来てくれて、私はにこにこと笑いながら応対していたのです。そうしたら、姉から「あんたはこういうときによく笑っていられるわね」なんて言われました。それでもやっぱり笑って見送らないと、全否定することになるから、そっちのほうがかわいそうだと私は思ったのです。

人間ですから、必ず誰かとお別れは来る。だから、お葬式に行っても私は悲しまないようにしています。「いい人生だったね」と言ってあげるのが、いちばんいいのではないかなと思います。だからそんなに喪失感を感じることはありません。「ご苦労さんでした。いい人生だったね」と故人には言いたい。

**和田**：特定の誰かにべったりで、その人だけを頼りにしていると、やはりその人を失ったときのショックは大きすぎると思う。日本的なのかはわかりませんが、旦那だけが頼り、奥さんだけが頼り、という内向的な感じだと良くないなと思いますね。

だから中尾さんのように外向的で、何人も友達がいて、たとえ1人欠けたとしても、まだたくさん友達や知り合いがいるというのは、意外に大事なことだと思いますよ。上司部下、親分子分であれ、夫婦であれ、日本人の人間関係はちょっと濃すぎる気がしますね。とくに年を取れば取るほど、濃密すぎる人間関係は危険かなと思ったりします。

## 60歳を過ぎたら好きなことをやるのが一番

**中尾：**そう考えると、本当に、この対談の結論ではないけれども、60歳を過ぎたら好きなことをやるのが一番ですね。

**和田：**そうだと思います。それが後悔のない方法だと思う。神様は本当に意地悪で、運が良い人と悪い人を振り分けてしまっていると思う。節制に節制を重ねても早く亡くなる人もいれば、本当にいいかげんに生きてきたくせに長生きする人もいるわけですよ。

アメリカの有名な研究で、血圧の薬を飲んでいる人と飲まない人を追跡調査して比較し、脳卒中をいかに減らせるかを検証したものがあります。血圧170の人が薬を飲まないと5年後にはどれくらいの人が脳卒中になるのかというと、8パーセントだったそうです。これが薬を飲んだ人だとどうだったかというと、5パーセントだったらしい。つまり、血圧の薬を飲むことで8パーセントから5パーセントに減らせるのは確かなわけですね。ただ逆に言えば、薬を飲んでいても5パーセントの人は脳卒中になってしまうわけですよね。薬で血圧を下げたとしても、血管が弱ければ破れてしまうんです。こういう調査で考えなければいけないのは、血圧の薬を飲んでいないにもかかわらず9割以上の人が脳卒中にはなっていないということですよね。だったら、運に任せてもいいのではないかという考え方もありだと思いますよ。

**中尾**：本当にそういうふうに考えると、生きるのがきっと楽になりますね。あれをしなきゃいけない、これをしなきゃいけないという制約を考えるよりも、好きに生きるのがいちばんいいと思います。

## 好き勝手に生きれば免疫力も上がる

**和田**：わりと日本の医者は無視していますけれども、免疫力はストレスなく好きに生きている人のほうがやはり高い。ストレスがあるとどうしても免疫力が下がってしまいますから。また、加齢・老化でも免疫力は下がりやすいですから、がんにもなりやすくなるし、風邪をこじらせただけで肺炎になったりする。

日本の医者がなんでこんなに免疫に注目しないのかと不思議だったのは、やはりコロナ禍のときですね。不要不急の外出はせずに、家に閉じ込もることが感染防止には一番だというわけですよ。私の知り合いの免疫学者で80歳を超えているのにまだ現役で活躍されている奥村康先生という方がいらっしゃいます。NK細胞を発見した人なんですけれども、彼は「こんなに家に閉じ込もってばかりいたら、免疫力が落ちるだけだよ」とおっしゃっていた。やはり病気にならずに元気でいるには、免疫力が重要だと思うんですよね。

そのためには、好きに生きることが大事です。好き放題に生きているほうが、かえって元気に長生きできるかもしれない。

**中尾：**本当にそう思います。

## 人は必ず死ぬのだから

**中尾：**60歳を過ぎたら、「こうしたらいい、ああしたらいい」というのは、今回の対談でもたくさんお話ししてきましたが、極論的なことを言えば、その人の「好きに生きればいい」という一言に集約されるのではないかと思います。好きに生きた結果、友達もいないような孤独な状態で寂しく終わるのも、その人の立派な生き方だったのですから、卑下することもなく、胸を張ればいいとも思うのです。

逆に、誰かに看取ってもらいたいと思うならば、一緒にいてくれるパートナーや友達を作ればいいでしょう。それも最後は、その人がどう生きたいと思っているのか、それ次第だと思います。

年を取れば取るほど、「こうしなきゃいけない」「ああしなきゃいけない」というのは、なくなってくるはずです。ですから、60歳を過ぎたら、もっと好きにいきたほうがいいのではないでしょうか。本書でいろんなことを好きに述べさせていただきましたが、それは別に「こうしなさい」「ああしなさい」と、他人に紐をつけて強制するようなことではありません。少し突き放す言い方になってしまうかもしれませんが、「あなたの人生なんだから、ご自由にどうぞ」というのが、本当のところだと思いますね。私は私なりに好きに生きてきましたが、人それぞれに「好き」のありようは違います。だから読者のみなさんご自身が好きだと思えることを60歳以降は突き詰めてもらいたいですね。

**和田：**中尾さんのようにいろんなことを経験してきた結果、人生を割り切って考えておられたり、「仕方のないことだよね」と思える人と、年を取れば取るほど堅苦しくなっていく人がいます。60歳以降は、それはわりと明確に分かれると思いますね。でもね、せっかく年を取ってきたんだから、いいかげん好きに生きればいいのに本当に思う。年を取るとどうしたって思うとおりにならないことがあるということもわかってくるでしょう。「人間、思ったとおりにはいかないよね」と少し自分を突き放してみるのも、楽な気がしますね。

結局、年を取ってからできることは残りの人生を楽しむことしかないかなと思います。「きれいでいたい」「若くありたい」と言っても、それだけが目的になってもダメですよ。せっかく年を取ってもきれいでいられるなら、それを生かして友達を増やしたり、恋人を作ったり、何かその先の楽しみにつなげていかなければと思います。だから若々しくいることが目的ではなくて、若々しいから何ができるのかを考えるべきだとは思いますよ。究極的には何をどう楽しめるか。私ならそっちを基準にしますね。

**中尾**：やはり人間は群れて生きる動物ですから、人と関わって、どれだけ楽しいかが基準になるのではないかなとも思いますね。60歳以降はどうしても「死」についで考えざるを得ないわけですが、どんなに引き延ばしたとしてもそれは避けることのできない事実だと思います。なかには「死にたくない」と言う人もいらっしゃいますよね。

**和田**：それは無理です。「死にたくない。もっと長生きをしたい」と考えて、過度に健康に気をつけ、好きなことも我慢したとしても、最後は等しくお迎えが来るわけです。それならば、我慢し続けの人生を送って死を迎えるよりも、楽しい人生を送って死を迎えたほうがいいのではないでしょうか。

**中尾**：これまで和田先生とお話ししてきたように、少なくとも60歳から先は、さまざまな理由づけをして何もしないでいるよりも、もっと自分がやりたいことをやって、楽しく充実した毎日を送るほうがずっといいと思います。好き勝手に生きるとは、本当の意味で、健康的で、幸せな生き方だなと思いますね。

# おわりに

医者の自分が言うのもなんですが、60代以降の生き方を考えたときに、医者の言うことを聞いているだけでは、おそらく不幸せになるだけでしょうし、長生きできる保証もありません。

医者の指示どおりに制約ばかりの生活を送ると、免疫力は下がり、どんどん老け込んでいく。ろくなことがありません。血圧や血糖値を無理に下げると、意欲だって下がってきます。

じゃあどうすればいいのか。60歳以降も女性が元気に潑剌と生きていくには、何をすればいいのか。

それには医者に全部丸投げしてしまうのではなく、お手本になるような人を探して、その人みたいな生き方をするほうがよっぽど賢いと思います。

「この人、若いな、元気だな。こんなふうになりたいな」と思える人の真似をして、そのライフスタイルを取り入れて生きるほうが断然いい。医者の言うことを聞いているよりも、絶対に若返るし、免疫力もきっと上がって悪いことなし、だと思います。

そういう意味では、いつまでも若々しく元気に、現役で仕事を続けておられる中尾ミエさんとお話しできたことはとても幸運でした。彼女のようにある意味ではおおらかに、好きなことをやろうという姿勢は、60歳以降、どう生きていけばよいのか悩んでおられる女性たちの励みになるのではないでしょうか。

今回の中尾さんと私の対談が、そんな女性たちを勇気づける一助になれば、幸いです。

和田秀樹

カバー衣装
ブラウス15万4000円、パンツ14万8500円／
ともにエンネオット（チェルキ）
タンクトップ8800円／DUEdeux
イヤリング2万9700円、
バングル1万8900円／ともにアビステ
リング4万7300円／
SERGE THORAVAL（H.P.FRANCE）
靴1万8480円／メルモ（モーダ・クレア）

問い合わせ先
H.P.FRANCE　hpfrance@hpgrp.com
アビステ☎03-3401-7124
チェルキ　https://cerchi.thebase.in/
DUEdeux☎03-6228-2131
モーダ・クレア☎03-3875-7050

カバーデザイン：月足智子
本文デザイン：近藤みどり
本文DTP：アイ・ハブ（藤原政則）
撮影：片桐 圭
スタイリング：松田綾子（オフィス・ドゥーエ）
ヘアメイク：杉村 修
編集：宮下雅子（宝島社）
制作協力：吉祥寺事務所

著者

## 中尾ミエ（なかお・みえ）

1946年、福岡県生まれ。1962年にデビュー曲「可愛いベイビー」が大ヒット。1971年リリースのシングル曲「片想い」は30万枚の売り上げを記録。歌手だけでなく、俳優としても数々のドラマ、映画、舞台に出演。2015〜2019年に上演した『ザ・デイサービス・ショウ』では主演・企画・プロデュースを務め、2019年、2022年にはブロードウェイ・ミュージカル『ピピン』にてアクロバティックな空中ブランコの演技で話題を集めた。2024年公開の主演短編映画『せん』が「ショートショート フィルムフェスティバル＆アジア」でジョージ・ルーカス アワード（グランプリ）を受賞するなど精力的に活動中。

## 和田秀樹（わだ・ひでき）

1960年、大阪府生まれ。東京大学医学部卒。東京大学医学部附属病院精神神経科助手、米国カール・メニンガー精神医学校国際フェローを経て、現在は和田秀樹こころと体のクリニック院長。高齢者専門の精神科医として、30年以上にわたって高齢者医療の現場に携わっている。主な著書に、ベストセラーとなった『80歳の壁』（幻冬舎新書）、『60歳からはやりたい放題』（扶桑社新書）、『本当の人生 人生後半は思い通りに生きる』（PHP 新書）、『どうせ死ぬんだから 好きなことだけやって寿命を使いきる』（SB クリエイティブ）など多数。

# 60代から女は好き勝手くらいがちょうどいい

2024年9月23日　第1刷発行

著　者　中尾ミエ・和田秀樹
発行人　関川 誠
発行所　株式会社 宝島社
〒102-8388　東京都千代田区一番町25番地
電話［営業］03-3234-4621　［編集］03-3239-0646
https://tkj.jp
印刷・製本　中央精版印刷株式会社

---


Printed in Japan
ISBN 978-4-299-05668-9